Herausgegeben von oekom e.V. – Verein für ökologische Kommunikation

www.blauer-engel.de/uz195
- ressourcenschonend und
  umweltfreundlich hergestellt
- emissionsarm gedruckt
- überwiegend aus Altpapier

LQ6

Dieses Druckerzeugnis ist mit dem Blauen Engel ausgezeichnet.

Bibliografische Information der Deutschen Nationalbibliothek: Die Deutsche Nationalbibliothek verzeichnet diese Publikation in der Deutschen Nationalbibliografie; detaillierte bibliografische Daten sind im Internet über http://dnb.d-nb.de abrufbar.

© 2024 oekom, München
oekom verlag, Gesellschaft für ökologische Kommunikation mbH
Goethestraße 28, 80336 München

Umschlaggestaltung, Layout und Satz: Lone Birger Nielsen
Lektorat: Anke Oxenfarth, Marion Busch

Druck: Kern GmbH
Gedruckt auf 100% FSC-Recylingpapier (außen: Circleoffset White; innen: Circleoffset White), zertifiziert mit dem Blauen Engel (RAL-UZ 14)

Alle Rechte vorbehalten. Printed in Germany
ISBN 978-3-98726-119-0

oekom e.V. – Verein für ökologische
Kommunikation (Hrsg.)

Klimagerechtigkeit

Fundament des sozial-ökologischen Wandels

Mitherausgegeben von
der Akademie für Politische Bildung Tutzing
und der Münchener Rück Stiftung

politische ökologie | Die Reihe für alle, die weiter denken

Die Welt steht vor enormen ökologischen und sozialen Herausforderungen. Um sie zu bewältigen, braucht es den Mut, ausgetretene Denkpfade zu verlassen, unliebsame Wahrheiten auszusprechen und unorthodoxe Lösungen zu skizzieren. Genau das tut die *politische ökologie* mit einer Mischung aus Leidenschaft, Sachverstand und Hartnäckigkeit.

Die *politische ökologie* schwimmt gegen den geistigen Strom und spürt Themen auf, die oft erst morgen die gesellschaftliche Debatte beherrschen. Die vielfältigen Zugänge eröffnen immer wieder neue Räume für das Nachdenken über eine Gesellschaft, die Zukunft hat.

Herausgegeben wird die *politische ökologie* vom
oekom e.V. - Verein für ökologische Kommunikation.

Der Klimawandel trifft nicht alle gleich. Zu seinen Tücken gehört, dass diejenigen, die durch ihren Lebensstil und ihre wirtschaftlichen Aktivitäten historisch am meisten zu ihm beigetragen haben, oftmals über Mittel verfügen, sich vor seinen gravierendsten Auswirkungen zu schützen. Die Ärmsten und am wenigsten Verantwortlichen trifft er dafür ungeschützt – nicht nur im Globalen Süden, sondern auch im Globalen Norden. Denn zunehmende Hitzewellen, Stürme und Extremwetterereignisse verschärfen überall auf der Welt ohnehin schwierige Lebensbedingungen. Die Bewältigung der Klimakrise wirft daher tiefgreifende Fragen nach Verantwortlichkeiten und Gerechtigkeit auf.

Erstmals Ende der 1990er-Jahre als Begriff in klimapolitischen Diskussionen aufgetaucht, hat sich Klimagerechtigkeit mittlerweile zum Dreh- und Angelpunkt in den internationalen Klimaverhandlungen entwickelt. Ging es anfangs vor allem um die »Klimaschuld« der Industrienationen und den nötigen Beitrag der Länder mit aktuell hohen Treibhausemissionen, wird mittlerweile auch darüber diskutiert, wie eine finanzielle Entschädigung aussehen kann für ökonomische, ökologische, kulturelle und gesellschaftliche Verluste und Schäden, die mit jedem weiteren Grad der Erderwärmung dramatischer werden.

Wohl wissend, dass es ohne Klimagerechtigkeit keine erfolgreiche Transformation geben kann, beschäftigen sich die Autor*innen dieser Ausgabe mit Lösungen, die ökologische Nachhaltigkeit mit sozialer Gerechtigkeit verknüpfen und die Fesseln der kapitalistischen Wirtschaftsweise sprengen. Neben globalen Fragen geht es darum, wie sich im Umgang mit dem Klimawandel Gerechtigkeit innerhalb von Gesellschaften und über Generationen hinweg erreichen lässt. Ein Schlüssel dafür ist echte politische Beteiligung von bislang Marginalisierten: Angehörigen indigener Gruppen, Frauen, Jugendlichen und älteren Menschen. – Eine gerechtere Welt ist möglich, wenn wir bereit sind, sie zu gestalten.

Anke Oxenfarth
oxenfarth@oekom.de

Inhaltsverzeichnis

Puzzlestücke

Einstiege

Kein solares Bullerbü   12
Blick in eine klimagerechte Zukunft
Von Angela und Karlheinz Steinmüller   18

Gerechtigkeit in der Klimakrise   22
Einführung in das Schwerpunktthema
Von Giulia Mennillo und Renate Bleich

Strukturelle Ungerechtigkeiten beseitigen   30
Internationale Klimapolitik
Von Julia Kreienkamp

Mehr Klimaschutz durch Transparenz   36
Die CO_2-Emissionen von Jung und Alt
Von Jörg Tremmel

44 **Afrikas Kampf gegen die Klimakrise**
Klimagerechtigkeit aus Sicht des Globalen Südens
Von Victoire Ghafi Kondi Akara

51 **Gelegenheitsfenster nutzen**
Geschlechteraspekte der sozial-ökologischen Transformation
Von Ulrike Spangenberg, Marai El Fassi, Lukas Zielinski

60 **Ohne Vielfalt keine Verteilungsgerechtigkeit**
Biodiversität und Ernährungssicherheit
Von Selina Tenzer

68 **Leitstern der Transformation**
Soziale Klimapolitik
Von Astrid Schaffert und Brigitte Knopf

75 **Löst die Bremsen!**
Fiskalpolitische Gerechtigkeit in der Transformation
Von Giulia Mennillo und Bastian Rötzer

82 **Aufbruch in eine Zukunft für alle**
Wege zu mehr sozio-ökonomischer Gerechtigkeit in der Welt
Von Till Kellerhoff

90 **Kapitalismus am Limit**
Krise und Überwindung der imperialen Lebensweise
Von Markus Wissen und Ulrich Brand

Impulse

Projekte und Konzepte 99

Spektrum Nachhaltigkeit

Abschied von einem Brückenbauer 110
Nachruf auf den Umweltpolitiker Klaus Töpfer
Von Christoph Bals

Das falsche Versprechen 112
Tiefseebergbau und die Energiewende
Von Steve Trent und Martin Webeler

Potenziale besser nutzen 116
Nachhaltigkeitsforschung und Wissenstransfer
Von Nicola Schuldt-Baumgart

Überdimensioniert, teuer, umweltbelastend 120
Stromnetzausbau in Deutschland
Von Werner Neumann

Wettbewerbsvorteile für grüne Pioniere 124
Nachhaltigkeitsberichterstattung von Unternehmen
Von Hannah Helmke

Rubriken

Editorial 7

Inhalt 9

Impressum 12

Vorschau 128

Für die gute inhaltliche Zusammenarbeit und die finanzielle Unterstützung danken wir der Akademie für Politische Bildung Tutzing und der Münchener Rück Stiftung.

AKADEMIE FÜR
POLITISCHE BILDUNG
TUTZING

**Münchener Rück
Stiftung**
Vom Wissen zum
Handeln

CO$_2$-Emittenten vs. Schäden

Die reichsten 1 % sind für mehr CO$_2$-Emissionen verantwortlich als die ärmsten 66 %

Länder, in denen das meiste CO$_2$ emittiert wird

_ Quelle: Gonstalla, E. (2024): Was wäre wenn ... Unsere Welt in verblüffenden Grafiken. München, S. 22/23.

Länder, in
denen das
emittierte CO_2
am meisten
Schaden anrichtet

keins
von
beiden

„Der Kapitalismus ist nicht nachhaltig.
Seine irrationalen und nicht nachhaltigen Produktions- und
Konsummuster und die wachsende und ungerechte Konzentration
des Reichtums sind die größte Bedrohung für das ökologische
Gleichgewicht des Planeten. Es wird keine nachhaltige
Entwicklung ohne soziale Gerechtigkeit geben."

Kardinal Pietro Parolin,
Staatssekretär des Heiligen Stuhls, bei der 74. Sitzung der
Generalversammlung der Vereinten Nationen 2019 in New York.

Klimawandel als gigantischer Verstärker

„So, wie die Covid-19-Pandemie soziale Probleme verschärft hat, vertieft der Klimawandel die existierende Ungleichheit. Ungleichheit zerstört Vertrauen, Solidarität und sozialen Zusammenhalt. Sie mindert die Bereitschaft der Menschen, sich für das Gemeinwohl einzusetzen. Der Klimawandel verstärkt sie aber nicht nur innerhalb einer Gesellschaft, sondern auch auf globaler Ebene. In der Folge werden bereits marginalisierte Bevölkerungsgruppen überall noch stärker an den Rand gedrängt, wer ohnehin in instabilen Verhältnissen lebt, muss sich auf noch größere Gefährdung einstellen, bis hin zu Konflikt und Krieg."

_ Quelle: Otto, F. (2023): Klimaungerechtigkeit. Was die Klimakatastrophe mit Kapitalismus, Rassismus und Sexismus zu tun hat. Berlin, S. 31-32.

Den Druck aufrechterhalten

„Das Wichtigste ist, dass wir den politischen Willen brauchen. Der einzige Weg, wie wir diesen politischen Willen bekommen können, ist eine breite und vernetzte Bewegung, die sich für Klimagerechtigkeit einsetzt, eine Bewegung, die die Führungsrolle der Frauen, die Bewegung der Kinder und Jugendlichen, die Menschen, die gegen das Aussterben rebellieren, und die Unternehmen, die keine fossilen Brennstoffe verwenden, miteinander verbindet. Es gibt ehrgeizige Regierungen, die bereit sind, sich auf die richtige Seite der Klimapolitik zu stellen, und die bereit sind, einen Pflock in den Boden zu rammen. [...] Wir müssen nur den Druck aufrechterhalten."

Mary Robinson,
ehemalige irische Präsidentin und UN-Menschenrechtskommissarin.

_ Quelle: www.hks.harvard.edu/faculty-research/policy-topics/human-rights/
mary-robinson-tackling-climate-change-human
Übersetzung: deepL

[Es ist] „eine strikte gerechtigkeitsethische Pflicht, heute schon alle notwendigen und zumutbaren Maßnahmen zu ergreifen, um zu verhindern, dass zukünftige Generationen die Mindestvoraussetzungen eines guten, gelingenden Lebens nicht mehr erreichen können. [...] Hier ist Zeit ein entscheidender Faktor, sodass Abwarten, Hinhalten und Hinauszögern moralisch verwerflich sind."

_ Quelle: Deutscher Ethikrat: Klimagerechtigkeit. Stellungnahme,
März 2024, S. 68.

Definitionen und Bilder von Klimagerechtigkeit

- Eine Vision, um die ungleichen Lasten, die durch den Klimawandel entstehen, aufzuheben und zu mildern.

- Eine Verpflichtung, die unverhältnismäßige Belastung der Armen und Ausgegrenzten durch die Klimakrise anzugehen.

- Die Anerkennung, dass die Schwächsten am meisten Unterstützung verdienen.

- Dreifache Ungleichheit anerkennen: Verantwortung, Anfälligkeit und Schadensbegrenzung.

- Abbau der Machtstruktur der Unternehmen, die fossile Brennstoffe herstellen.

- Ein Engagement für Wiedergutmachung und eine gerechte Verteilung des weltweiten Reichtums.

- Eine Möglichkeit, die Gerechtigkeitsaspekte des Klimawandels zu berücksichtigen.

- Ein Versuch, die globale Erwärmung durch den Abbau von Ungleichheiten in der Entwicklung und in den Machtstrukturen, die den Klimawandel und die anhaltende Ungerechtigkeit vorantreiben, auszugleichen.

- Ein menschenrechtsbasierter Ansatz für Klimagerechtigkeit, der die Rechte der vom Klimawandel am stärksten betroffenen Menschen schützt.

- Betrachtung der ökologischen und menschlichen Auswirkungen des Klimawandels durch die Brille der sozialen Gerechtigkeit, der Menschenrechte und der Sorge um indigene Völker."

_ Quelle: Tahseen, J. (Hrsg.) (2018): Routledge Handbook of Climate Justice, London, S. 3. Übersetzung: deepL

*„Die Dominanz der westlichen Länder gerät ins Wanken.
Es ist Zeit, die ungerechte Weltordnung anzuerkennen."*

Heather McCray,
Direktorin des Climate Justice Resilience Fund

Die sechs Pfeiler der Klimagerechtigkeit

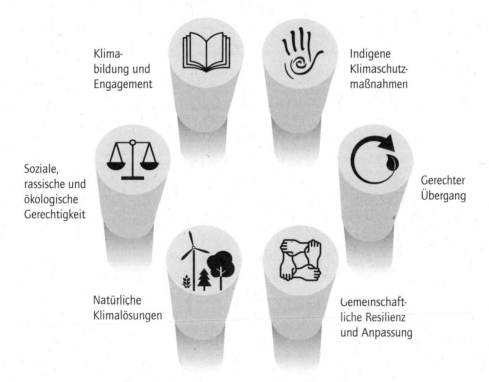

Klima-
bildung und
Engagement

Indigene
Klimaschutz-
maßnahmen

Soziale,
rassische und
ökologische
Gerechtigkeit

Gerechter
Übergang

Natürliche
Klimalösungen

Gemeinschaft-
liche Resilienz
und Anpassung

_ Quelle: Angelehnt an „The six Pillars of Climate Justice"
https://centerclimatejustice.universityofcalifornia.edu/what-is-climate-justice/

Blick in eine klimagerechte Zukunft

Kein solares Bullerbü

Von Angela und Karlheinz Steinmüller

Claire ist Solarpunkerin – und im Nebenberuf Zeitreisende mit 30-Jahre-Ticket. So zumindest hatte sie sich uns vorgestellt, als wir sie am Rande einer Science-Fiction-Convention trafen. Sie hatte sich solarpunk-mäßig herausgeputzt: eine Weste, bestickt mit bunten floralen Motiven, High-Tech-Sonnenbrille mit kurzen Antennen links und rechts, Strohhut. Es fehlten nur die Solarzellen auf der Krempe. Nun saßen wir im Silent Green, dem zur Tagungsstätte umgerüsteten Krematorium, bei einem Cappuccino. David, der den Podcast zum Treffen betreute, hatte sich zu uns gesellt. Im Hauptsaal debattierte man gerade über Künstliche Intelligenz, Asteroidenbergbau, extreme Langlebigkeit und die bevorstehende Klimakatastrophe.

„Das ist doch Schnee von gestern", maulte Claire und biss von einem Nuss-Croissant ab. „Diese alten Kamellen wieder aufzuwärmen! Geht den Leuten die Fantasie aus?" Mir war nicht klar, ob sie den Asteroidenbergbau oder die Klimakatastrophe meinte, ich tippte aber auf Letzteres. Nun wohl, wandte ich ein, der Weltuntergang ist auch nicht mehr, was er früher einmal war.

„Die Trends zeigen aber in Richtung Desaster!", rief David aufgeregt. Er sammelte Datenpunkte, jeden Tag mindestens einen: zu CO_2, zum ökologischen Fußabdruck, zu erneuerbaren Energien, zu Armut und Reichtum.

Sie ließ ihn nicht zu Wort kommen. „Wisst ihr, ich habe eure Zukunft gesehen: Sie ist gelb und grün und blau. Sonne und Pflanzen und Wasser, alles, was man zum Leben braucht. Wie hier im Silent Green ranken sich an den Häusern die wahnsinnigsten Gewächse hoch. Über den Dächern schweben Luftschiffe lautlos dahin. Stimmt schon, das Klima ist heißer geworden – in

Mitteleuropa um über zwei Grad! –, trotzdem hat sich die Luft in den Städten verbessert. Der meiste Asphalt ist weg wie auch die Verbrennerautos. Von manchen Balkonen glänzen noch schwarz die alten Solarmodule, in ehemaligen Bürogebäuden gedeiht Gemüse, Kinder toben über Hängebrücken von Haus zu Haus. Draußen auf dem Land greifen Felder und Forsten ineinander, umsorgt von Drohnen und Leichtrobotern. Dazwischen liegen Tümpel und Feuchtflächen. Wälder und renaturierte Moore binden CO_2. Produktion und Deproduktion, also das, was ihr Recycling nennt, geschieht zu großen Teilen unterirdisch. Die Wirtschaft dient dem Gemeinwohl."

Ich war nahe daran, laut herauszuprusten, sagte dann: „Du malst eine heile Eia-Popeia-Welt aus, ein solares Bullerbü!"

Klimanot zwingt zu Kooperation

„Willst du lieber die Mad-Max-Variante? Mit Wüsten von hier bis an die ausgetrocknete Ostsee? Wo Mord und Totschlag herrschen? In meiner grünen und gelben und blauen Zukunft sind die Menschen" – „auch grün und blau", frotzelte David dazwischen – „friedfertig und kooperativ." Sie verdrehte die Augen. „Und zwar aus Eigeninteresse. Die Klimanot erzwingt es. Was glaubt ihr, was los ist, wenn der Meeresspiegel steigt? Küstenstädte werden ins Binnenland verlagert, selbst hier in Europa. Menschen müssen eine neue Heimat finden. Wer ist bereit, sie zu unterstützen, sie aufzunehmen? Daran entscheidet es sich, wie wir miteinander umgehen. – In einer klimagerechten Welt, wo jeder seinen Teil der Folgen trägt, wird der Alltag viel entspannter sein. Gegenseitige Hilfe statt Egoismus. Mehr Zeit füreinander. Einfühlvermögen. Mehr Yoga und Tai-Chi. – Okay, ich weiß: Nicht alle machen mit. Es gibt immer irgendeinen Zoff."

Ein schlaksiger Mann im schwarzen T-Shirt mit dem neongrellen Slogan der Convention „Change two used futures for a fresh one!" (Tausche zwei gebrauchte Zukünfte gegen eine frische!) kam vorbei, er bot neovegane Insektenburger zum Testkosten an: „The Food of the Future." Claire langte zu; David zögerte und äußerte dann, wie um sich selbst zu überzeugen: „Habe gelesen, dass Chitin magenfreundlich ist."

„Insekten, gut und schön. Aber vergesst die Fungi nicht, die Pilze und Schwämme. Meinetwegen auch die langweiligen Speisechampignons. Schwämme als Baumaterial, Pilzgeflecht für Textilien, auch für medizinische Implantate. Niemand hat bislang eine Ahnung, was da alles möglich ist! Ganz zu schweigen von dem, was in der tiefen, dunklen Biosphäre schlummert!"

David wischte sich die letzten Krümel Insektenburger von den Lippen. „Du meinst unter unseren Füßen?" Man sah, dass er in seinen grauen Zellen nach einem Datenpunkt kramte. „Im Boden bis zu zehn Kilometern Tiefe soll es etwa genauso viel Biomasse geben wie oberhalb."

„Genau, aber unerforscht, ungenutzt!" Sie lachte: „Ist das nicht wunderbar? Ich war eben in einem Panel, wo man diskutierte, dass Künstliche Intelligenz uns vor der Klimakatastrophe" – sie deutete mit beiden Händen Anführungszeichen an – „rettet. Weil die KIs so absolut objektiv, wissenschaftlich, superintelligent sind und alles auf unerhörte Effizienz trimmen. Bullshit! Wenn euch etwas aus der Patsche hilft, dann die Natur selbst. Die Biosphäre – oder sagt ihr wieder Gaia? – hat schon ganz andere Katastrophen durchgestanden. Drunten, in der dunklen Biosphäre brodeln Kräfte." Einen Moment lang hatte ihr Gesicht einen träumerischen Ausdruck, so als lausche sie gerade nach dem unterirdischen Brodeln. Dann fasste sie sich.

Zeitalter des Improvisierens und Experimentierens kommt

„Wie dem auch sei: Climate Change is Everything Change", zitierte sie. „Vor euch liegt ein Zeitalter des Experimentierens, ja Improvisierens. Für alles gibt es Konzepte: Energie, Mobilität, Gebäude, sogar für das Wirtschafts- und Finanzsystem! Und ihr werdet vom globalen Süden lernen, von Afrika, Lateinamerika, Südostasien – von all den Ländern, wo man es mit Vorschriften nicht so genau nimmt wie hier. Glaubt doch nicht, dass Politiker*innen eure Probleme lösen! Was ihr nicht selbst in die Hände nehmt … . Apropos in die Hand nehmen. Könnt ihr abräumen? Ich muss los. Meine Mitreisegelegenheit."

„Ich fürchte", meinte David erleichtert, „die werden wir erst nach Ablauf ihres 30-Jahres-Tickets wiedersehen." ▬

Welche Superheld*innen der Klimagerechtigkeit würden Sie gerne verkörpern?

Hypnos, der Menschen in einen Tiefschlaf versetzt, sobald sie ihr Klimabudget aufgebraucht haben.

Zu den Autor(inn)en

Angela Steinmüller, geb. 1941, ist Mathematikerin und Science-Fiction-Autorin.
Karlheinz Steinmüller, geb. 1950, ist Physiker, Philosoph und Autor. Außerdem ist er wissenschaftlicher Direktor der Z_punkt GmbH, The Foresight Company.

Kontakt

Angela Steinmüller, Dr. Karlheinz Steinmüller
E-Mail steinmueller@z-punkt.de

"ES GIBT KEINEN PLANET B!"

Der Umgang mit der Klimakrise ist vor allem eine Gerechtigkeitsfrage. Globale Machtstrukturen und tief verwurzelte Ungleichheiten beeinflussen auch, wer am meisten unter den Folgen des Klimawandels leidet. – Wie kann eine gerechtere Klimapolitik aussehen? Welche Rolle spielen Transparenz und generationenbedingte Unterschiede bei den CO_2-Emissionen? Lassen sich internationale Klimaverhandlungen fairer gestalten?

Einführung in das Schwerpunktthema

Gerechtigkeit in der Klimakrise

**Die Folgen des Klimawandels sind ungerecht verteilt. Klima-
schutz- und Anpassungsmaßnahmen müssen die zugrunde liegenden Ungerechtigkeiten konsequent angehen. Das ist nicht
nur wichtig für den Erhalt der natürlichen Lebensgrundlagen,
sondern auch ethisch-moralisch geboten. Zudem hängt der Erfolg
der sozial-ökologischen Transformation davon ab.**

Von Giulia Mennillo und Renate Bleich

Die schwerwiegenden Auswirkungen der Klimakrise sind bereits in vielen
Regionen der Welt zu spüren. Obwohl Entwicklungs- und Schwellenländer in der
Vergangenheit und auch gegenwärtig weniger zum Klimawandel beitragen, sind
sie oft besonders stark von seinen Auswirkungen betroffen in Form von Wetterextremen und Naturkatastrophen wie Überschwemmungen, Dürren und Stürmen,
aber auch Hitze, Trinkwasserverknappung und dem Verlust von Biodiversität. Er-
schwerend kommt hinzu, dass in Ländern mit niedrigerem Einkommen gerade die
verletzlichsten Bevölkerungsgruppen wie etwa Kleinbäuerinnen und -bauern, indigene Gemeinschaften, Frauen, Kinder, alte und kranke Menschen den Konsequenzen der Klimakatastrophe aufgrund der unzureichenden sozialstaatlichen Infrastrukturen schutzlos ausgeliefert sind.

Die wirtschaftliche Ungleichheit zwischen Industrie- und Entwicklungsländern hat
sich seit 1960 aufgrund des Klimawandels bereits um 25 Prozent erhöht. (1) Wäh-

rend wirtschaftliche Verluste durch den Klimawandel schon heute fast überall in der Welt zu beobachten sind, werden laut Schätzungen des Potsdam-Instituts für Klimafolgenforschung, in Zukunft die Einkommensverluste in den ärmeren Ländern um 60 Prozent über denen der Länder mit höheren Einkommen liegen. Insbesondere Afrika und Südasien werden hiervon stark betroffen sein. (2)

Ungerechtigkeiten gibt es auch bei den Chancen der Anpassung an den Klimawandel: Wohlhabende Länder und Gemeinden besitzen oft mehr Ressourcen und Kapazitäten, um auf den Klimawandel zu reagieren. Dies schließt Investitionen in grüne Technologien, saubere Energie und Klimaanpassungsmaßnahmen ein, die ärmeren Ländern weniger oder gar nicht zur Verfügung stehen. Der Bedarf an finanziellen Mitteln für Anpassungsmaßnahmen in Entwicklungsländern ist erheblich. Schätzungen des Umweltprogramms der Vereinten Nationen (UNEP) belaufen sich auf circa 215 bis 387 Milliarden US-Dollar jährlich. Allerdings decken die derzeitigen Finanzströme nur einen kleinen Teil des geschätzten Bedarfs ab: Der Finanzbedarf ist zehn bis 18 Mal so hoch wie die tatsächlich zur Verfügung gestellten öffentlichen Gelder. (3)

Da der Klimawandel nicht nur die Gegenwart betrifft, sondern auch zukünftige Generationen, zeichnet sich eine weitere Konfliktlinie in Fragen der Klimagerechtigkeit zwischen Jung und Alt ab, welche die reichen Industriestaaten nicht verschont. Die jüngeren Generationen sind in ihrer Lebensweise erheblich durch die Folgen des Klimawandels und den Verlust der Biodiversität beeinträchtigt im Vergleich zu den Generationen, die maßgeblich für den Klimawandel verantwortlich sind (vgl. S. 36 ff.). Heutige Maßnahmen zur Verringerung der Treibhausgasemissionen – oder deren Unterlassung – wirken sich auf die Lebensbedingungen künftiger Menschen aus.

Klimagerechtigkeit – verschiedene Dimensionen des Begriffs

Der Begriff Klimagerechtigkeit gewann in den späten 1990er-Jahren an Bedeutung. Insbesondere durch Aktivitäten von sozialen und ökologischen Bewegungen, die auf die Praktiken der fossilen Industrie und der gescheiterten 15. Konferenz (COP 15) der Klimarahmenkonvention der Vereinten Nationen (UNFCCC) in Kopenhagen reagierten. Zudem wurde die Wichtigkeit von Klimagerechtigkeit durch die Erkenntnis verstärkt, dass technologische Innovationen allein nicht ausreichen, um die ungleichen Herausforderungen im Zusammenhang mit dem Zugang zu Nahrung, Wasser und Energie zu bewältigen. (4)

Die verteilungspolitische Dimension des Begriffs der Klimagerechtigkeit basiert auf der Disproportionalität zwischen Verursachung und Belastung im Kontext des Klimawandels. Er beinhaltet somit ein inhärentes Anliegen für Fairness zwischen Ländern (international), zwischen Individuen innerhalb eines Landes (intranational), sowie zwischen den Generationen (intergenerational).

Da die historische Verantwortung für den Klimawandel bei den Wohlhabenden und Mächtigen liegt, die Betroffenheit allerdings unverhältnismäßig stark bei den Ärmsten und Verwundbarsten, ergibt sich daraus eine ethisch-moralische Herausforderung für die nationale und internationale Politik genauso wie für Zivilgesellschaften weltweit. Der Begriff Klimagerechtigkeit erhebt den Anspruch, dass die Lasten und Vorteile des Klimawandels sowie die Maßnahmen zu dessen Bekämpfung fair verteilt sind. In diesem Sinne kann es keine Klimagerechtigkeit ohne soziale Gerechtigkeit geben (vgl. S. 68 ff.).

Eine weitere Dimension des Begriffs bezieht sich auf die Verfahrensgerechtigkeit, die eine faire, transparente und inklusive Entscheidungsfindung vorsieht. Zusammenfassend lässt sich festhalten: Klimagerechtigkeit zielt darauf ab, dass die Bemühungen zur Bewältigung des Klimawandels einschließlich der Klimaanpassung fair, inklusiv und wirksam sind sowohl in der Substanz als auch in der Art und Weise, wie die Maßnahmen entschieden werden.

Historische Verantwortung und Fairness

Durch ihre jahrzehntelang hohen Emissionen tragen die westlichen Industrieländer eine historische Verantwortung für die Klimakrise. Das Verbrennen fossiler Energieträger wie Kohle, Öl und Gas sowie die Art und Weise, wie sie produzieren und konsumieren, sind Ursache der globalen Erderwärmung und der Umweltzerstörung. Der materielle Wohlstand und das hohe Einkommensniveau im Globalen Norden, spiegeln sich direkt in einem hohen Pro-Kopf-Ausstoß an Treibhausgasen wieder. Nordamerika und Europa verantworten einen Anteil von 62 Prozent an den kumulierten CO_2-Emissionen im Zeitraum von 1751 bis 2017. Seit 1990 ist die ärmere

Hälfte der Weltbevölkerung für 16 Prozent des gesamten Emissionswachstums, das reichste eine Prozent für 23 Prozent des Gesamtwachstums verantwortlich. (5) Das Konzept der Klimagerechtigkeit berücksichtigt daher historische Verantwortlichkeiten bei der Suche nach Lösungen. Da der Klimawandel eine globale Herausforderung ist, ist eine starke internationale Zusammenarbeit nötig, um faire und wirksame Antworten zu entwickeln und umzusetzen. Das Prinzip gemeinsamer, aber unterschiedlicher Verantwortung ist entsprechend bereits seit Anfang der 1990er-Jahre in der Klimarahmenkonvention der Vereinten Nationen verankert. Demnach haben alle Länder eine gemeinsame Verpflichtung, den Klimawandel anzugehen, aber die Industrieländer sollten aufgrund ihrer historischen Emissionen und ihrer größeren Fähigkeiten die Hauptlast schultern. Allerdings ist die Dichotomie zwischen Industrieländern und Entwicklungsländern zunehmend komplexeren Verhältnissen gewichen. Länder wie China, Indien, Brasilien oder Saudi-Arabien tragen heute wesentlich zum Ausstoß von Treibhausgasen bei und spielen in den internationalen Klimaverhandlungen eine wichtige Rolle.

Im Vergleich zu den wohlhabenderen Ländern sind die am wenigsten entwickelten Länder (Least Developed Countries, LDCs) in den internationalen Klimaverhandlungen nur schwach vertreten. Begrenzte finanzielle und personelle Ressourcen schränken ihre Fähigkeit ein, ihre Interessen und Bedürfnisse in internationalen klimapolitischen Foren wirksam zu vertreten (vgl. S. 30 ff.). Zwar entwickeln LDCs ihre eigenen langfristigen Klimastrategien und drängen auf ehrgeizige globale Maßnahmen sowie finanziellen Ausgleich (vgl. S. 40 ff.). Dennoch muss ihre mangelnde Repräsentation angegangen werden, um eine gerechtere und effektivere internationale Klimapolitik zu erreichen.

Bestehende und neue Ungerechtigkeiten

Das Thema Klimagerechtigkeit ist auch im Hier und Jetzt von großer Relevanz. Die anstehende sozial-ökologische Transformation tangiert so gut wie jeden Lebensbereich. Ob in städtischen, suburbanen oder ländlichen Regionen, Klimaschutz und Klimaanpassung bedeuten massive Veränderungen; sei es beim Wohnen oder der Mobilität. Konfliktlinien und Interessenslagen verlaufen nicht mehr linear entlang traditioneller Kategorien, sondern quer durch die gesellschaftlichen Schichten.

Ein Aspekt, der in der öffentlichen Debatte oft übersehen wird, betrifft die Ambivalenz der Klimaungerechtigkeiten und Anpassungsmöglichkeiten in Bezug auf die Kluft zwischen Stadt und Land. Die Landbevölkerung verbraucht bei Weitem mehr Ressourcen und Emissionen pro Kopf. Gleichzeitig sind beispielsweise im Bereich der Mobilität die individuellen und kommunalen Möglichkeiten, auf dem Land den Individualverkehr durch den öffentlichen Fern- und Nahverkehr zu ersetzen, um ein Vielfaches schwieriger als in der Stadt. Dafür stehen die Chancen für die Umsetzung einer dezentralen Energieversorgung auf dem Land besser. Transformationsbedingte Handlungsbedarfe erzeugen neue Spannungen und Dilemmata, die die politischen Entscheidungsträger*innen vor massive Herausforderungen stellen.

„ Klimagerechtigkeit zielt darauf ab, dass die Bemühungen zur Bewältigung des Klimawandels einschließlich der Klimaanpassung fair, inklusiv und wirksam sind sowohl in der Substanz als auch in der Art und Weise, wie die Maßnahmen entschieden werden. "

Klimaungerechtigkeiten im sozio-ökonomischen Sinne gibt es auch in den reichen Industriestaaten. Die Transformation erzeugt neue Gewinner*innen und Verlierer*innen. Die Dekarbonisierung der Industrie bringt einst erfolgreiche fossile Geschäftsmodelle ins Wanken. Innerhalb von Unternehmen sind Berufsbilder und Arbeitstätigkeiten asymmetrisch betroffen. Gemeinden, die wirtschaftlich von den auslaufenden Industrien stark abhängig sind, benötigen beim grünen Strukturwandel besondere Aufmerksamkeit der Solidargemeinschaft. Investitionen in zukunftsträchtige Technologien, eine Infrastrukturoffensive seitens der öffentlichen Hand (vgl. S. 75 ff.) sowie die Förderung von Weiterbildungsprogrammen, sind wesentliche Stellschrauben, damit die Transformation von der Bevölkerung mitgetragen wird.

Die Auswirkungen des Klimawandels und die Anpassungsmaßnahmen treffen ärmere Bevölkerungsgruppen härter als vermögende Schichten – man denke nur an die proportionale Belastung des Einkommens im Falle einer konsequenten CO_2-Bepreisung oder eines Arbeitsplatzverlustes. Sozialer Ausgleich, etwa in Form eines Klimagelds, ist ein wichtiger Aspekt bei der Umsetzung von Klimaschutzmaßnahmen, um eine weitere Belastung für die unteren Einkommensgruppen zu verhindern und den gesellschaftlichen Zusammenhalt nicht weiter zu gefährden. Auch die ökonomische Forschung zeigt, dass soziale Auswirkungen bei der Transformation berücksichtigt werden müssen, damit diese nachhaltig ist. (6) Aus Gründen der Klimagerechtigkeit ist es ebenso geboten, Maßnahmen so zu gestalten, dass sie sozial verträglich sind, denn obere Einkommens- und Vermögensgruppen verbrauchen in der Regel durch ihren Lebensstil (größere Häuser und Grundstücke, mehrere Autos, Fernurlaube etc.) mehr Ressourcen und Emissionen pro Kopf. (7)

Gelebte Klimagerechtigkeit vor Ort

Da die soziale Frage direkt mit Aspekten der Klimagerechtigkeit zusammenhängt, ist die Einbeziehung aller Betroffenen auf kommunaler Ebene wichtig. Mehr Bürgerbeteiligung und Transparenz erhöhen die Chancen für eine erfolgreiche Klimapolitik. Die Beteiligung von Gemeinden, Bürger*innen sowie zivilgesellschaftlichen Organisationen an der Gestaltung von Klimaschutzmaßnahmen macht es zudem Partikularinteressen viel schwerer, Vorhaben zu blockieren. Wenn die Menschen sich gehört fühlen und von der Transformation profitieren – ökonomisch und gesellschaftlich – dann verfangen die Parolen der Beharrungskräfte nicht im selben Maße und die Logik der Verzögerungsdiskurse („Man will uns das Schnitzel wegnehmen") fällt in sich zusammen. Antidemokratische Kräfte verlieren damit an Rückenwind. Positive Beispiele dafür gibt es durch viele erfolgreiche Initiativen im Bereich der Bürgerenergie. Bürgerenergie steht für eine auf erneuerbare und dezentrale Strukturen ausgerichtete Energiewende, die von den lokalen oder regionalen Akteuren selbstbestimmt gestaltet wird. Die Wertschöpfung verbleibt in der Region, Kommunen können zusätzliche Einnahmen generieren und so direkt von

,, Der Druck der Zivilgesellschaft kann zu ambitionierteren Klimazielen und auf Ausgleich setzende Maßnahmen beitragen. ''

der Energiewende profitieren. Zudem haben direktdemokratische Verfahren in den vergangenen zehn Jahren tendenziell eher zu einer Beschleunigung als zu einer Verzögerung des Klimaschutzes geführt. (8)

Die bestehenden Klimaungerechtigkeiten sind mehrdimensional. Ethische, politische, wirtschaftliche und soziale Facetten sind tangiert und beeinflussen sich gegenseitig. In vielen Teilen der Welt formiert sich unter dem Slogan „Climate Justice now" eine Klimagerechtigkeitsbewegung, die immer lauter wird. Business as usual in Politik und Wirtschaft wird dadurch zunehmend schwieriger. Angesichts der Internationalität der Klimagerechtigkeitsbewegung wird auch ersichtlich, dass das hierzulande herrschende Narrativ, ausschließlich Deutschland hätte ein ökologisches Gewissen, ein Mythos ist.

Es gibt sowohl national als auch international vielversprechende Anzeichen dafür, dass mehr Klimagerechtigkeit erreicht werden kann. Die Zivilgesellschaft spielt hierbei eine große Rolle: Zahlreiche Initiativen und Organisationen sowohl im Globalen Norden wie im Globalen Süden setzen sich für nachhaltige und gerechte Lösungen für die Klimakrise ein. Sie fördern das Bewusstsein für Fragen der Gerechtigkeit und mobilisieren Menschen, um politische Veränderungen einzufordern. Der Druck der Zivilgesellschaft kann so zu ambitionierteren Klimazielen und auf Ausgleich setzende Maßnahmen beitragen. Erfolge gibt es auch in der internationalen Klimapolitik. Die Einigung auf einen Mechanismus zur Kompensation klimabedingter Schäden und Verluste auf der Weltklimakonferenz 2022 markierte einen deutlichen Fortschritt. Dem langjährigen Anliegen der Länder des Globalen Südens, für unvermeidbare Schäden entschädigt zu werden, wurde damit Rechnung getragen. Diese Beispiele bieten gleichzeitig Hoffnung und Motivation für weitere Anstrengungen auf dem Weg zu mehr Klimagerechtigkeit. ____ ■

Quellen

(1) https://news.stanford.edu/stories/2019/04/climate-change-worsened-global-economic-in-equality

(2) www.nature.com/articles/s41586-024-07219-0

(3) https://www.unep.org/news-and-stories/press-release/climate-impacts-accelerate-finan-ce-gap-adaptation-efforts-least-50

(4) Für einen multidisziplinären Überblick über die Forschung zur Klimagerechtigkeit vgl. Tahseen, J. (Hrsg.) (2018): Routledge Handbook of Climate Justice, London.

(5) https://ourworldindata.org/contributed-most-global-co2; www.nature.com/articles/s41893-022-00955-z

(6) www.sachverstaendigenrat-wirtschaft.de/fileadmin/dateiablage/Publikationen/SVRWirt-schaft_Stellungnahme_KSP23_20230814.pdf

(7) www.diw.de/de/diw_01.c.906708.de/reiche_verursachen_doppelt_so_viel_emissionen_wie_haushalte_mit_niedrigeinkommen_____vor_allem_durch_flugreisen.htm

(8) www.mehr-demokratie.de/fileadmin/pdf/2023/Berichte_Stellungnahmen/230531_MD_Buergerbegehrensbericht_2023_web.pdf

Welche Superheldinnen der Klimagerechtigkeit würden Sie gerne verkörpern?

a) Ein Zeitgeist, der notwendige öffentliche Investitionen von der Schuldenbremse befreit.

b) Christiana Figueres, unter deren Führung sich 195 Länder auf Klimaziele und mehr Klimagerechtigkeit geeinigt haben.

Zu den Autorinnen

a) Giulia Mennillo hat Internationale Volkswirtschaftslehre studiert. Sie ist Dozentin für Wirtschafts- und Sozialpolitik sowie Nachhaltigkeit an der Akademie für Politische Bildung in Tutzing. Als Lehrbeauftragte verschiedener Hochschulen hält sie Vorlesungen zur Globalen Politischen Ökonomie.

b) Renate Bleich hat Wirtschaftsgeographie studiert. Sie ist Geschäftsführerin der Münchener Rück Stiftung. Davor war sie in verschiedenen Positionen bei Munich Re tätig, zuletzt als Verantwortliche für den Bereich Nachhaltigkeit des Unternehmens.

Kontakt

Dr. Giulia Mennillo
Akademie für Politische Bildung Tutzing
E-Mail G.Mennillo@apb-tutzing.de

Renate Bleich
Münchener Rück Stiftung
E-Mail rbleich@munichre-foundation.org

Internationale Klimapolitik

Strukturelle Ungerechtigkeiten beseitigen

„Ein Land, eine Stimme" – auf dem Papier sind alle Mitgliedsstaaten der Klimarahmenkonvention der Vereinten Nationen gleichberechtigt. Strukturelle Machtasymmetrien sorgen jedoch dafür, dass nicht alle Länder denselben Einfluss auf Verhandlungen ausüben können. So verschärfen sie inhärente Ungerechtigkeiten in der internationalen Klimapolitik.

Von Julia Kreienkamp

Gerechtigkeit ist ein zentrales Thema in der internationalen Klimapolitik. Gerade die Länder, die am wenigsten zur Klimakrise beigetragen haben, leiden am meisten unter deren Folgen und sind am wenigsten in der Lage, die Risiken für ihre Bevölkerung zu reduzieren. Dabei sind die am stärksten gefährdeten Bevölkerungsgruppen oftmals ökonomisch und sozial marginalisiert und haben dadurch keine oder weniger Möglichkeiten, persönliche Schutzmaßnahmen zu ergreifen und politische Entscheidungsprozesse zu beeinflussen. Auf diese Weise verstärkt der Klimawandel viele andere Probleme und soziale Ungerechtigkeiten auf globaler sowie nationaler Ebene, von Armut und Hunger bis zu gesellschaftlichen Verteilungskonflikten. Gleichzeitig bedeutet das schnell schrumpfende globale Kohlenstoff-Budget, dass Ländern des Globalen Südens langfristig nicht derselbe konventionelle Entwicklungspfad offensteht, von dem die reichen Länder des Globalen Nordens und auch Schwellenländer wie China profitiert haben. Auch das ist eine zentrale Ungerechtigkeit der Klimakrise, die untrennbar verknüpft ist mit einem geopolitischen und wirtschaftlichen System, in dem die Inanspruchnahme (Abbau, Verarbeitung, Konsum und Entsorgung) planetarer Ressourcen extrem ungleich verteilt ist und das noch immer von den Nachwirkungen des Kolonialismus geprägt ist (vgl. S. 44 ff.). Dass der Klimawandel globale Ungerechtigkeiten schafft und verschärft, ist unbestritten. Das heißt allerdings nicht, dass Einigkeit darüber herrscht, wie internationale Klimapolitik gerechter gestaltet werden sollte. Gerechtigkeit ist ein vielschichtiges Prinzip, dass unterschiedliche Prioritäten und Interpretationen zulässt. Letztendlich hängt die Auslegung von Klimagerechtigkeit auch davon ob, wer in den wichtigsten klimapolitischen Institutionen – insbesondere in den Verhandlungen der Klimarahmenkonvention der Vereinten Nationen (UNFCCC) – über die größere Definitionsgewalt verfügt.

Prinzip der differenzierten Verantwortlichkeiten in der Praxis

Die UNFCCC ist nach wie vor das wichtigste Forum für die Gestaltung der internationalen Klimapolitik. Zumindest formell haben alle Staaten bei den jährlichen Klimagipfeln dasselbe Mitspracherecht. Die Klimarahmenkonvention von 1992 legt außerdem eine Reihe von Prinzipien fest, die eine gerechte Vorgehensweise beim internationalen Klimaschutz gewährleisten sollen. Insbesondere werden Vertragsstaaten dazu angehalten, entsprechend ihrer „gemeinsamen, aber unterschiedlichen Verantwortlichkeiten und Kapazitäten" zu handeln. (1) Konkret heißt dies, dass reiche Länder beim Klimaschutz die Führung übernehmen und ärmere Länder im Umgang mit den Folgen des Klimawandels unterstützen müssen.

Die praktische Auslegung dieses Prinzips hat sich jedoch als schwierig erwiesen. Die Klimarahmenkonvention enthält zwar eine Aufteilung in Industrie- und Entwicklungsländer, diese kann aber der gegenwärtigen Diversität der Vertragsstaaten kaum gerecht werden. Schon bei der Verhandlung des Kyoto-Protokolls von 1997 war einer der größten Streitpunkte, dass aufstrebende Schwellenländer wie China oder Indien keine Ziele zur Senkung ihrer Treibhausgasemissionen zu erfüllen hatten – eine Tatsache, die wiederum maßgeblich dazu beitrug, dass der damals größte Emittent, die USA, sich nicht an dem Abkommen beteiligte.

Die binäre Einstufung der Vertragsstaaten in Industrie- und Entwicklungsländer ist mit dem Pariser Klimaabkommen von 2015 aufgeweicht worden. Zum ersten Mal legen nun alle Vertragsstaaten nationale Klimabeiträge vor, die aufzeigen, wie sie zur Erreichung der Pariser Klimaziele beitragen werden. Das Prinzip der differenzierten Verantwortlichkeiten und Kapazitäten bildet zwar weiterhin eine wichtige Grundlage, um den unterschiedlichen nationalen Kontexten gerecht zu werden, kann aber nun von den Vertragsstaaten selbst ausgelegt werden. Dieser Schritt war notwendig, um jahrelange Blockaden in den Verhandlungen zu lösen und die größten Emittenten, insbesondere die USA und China, ins Boot zu holen. Allerdings macht es auch die Attribution von Verantwortlichkeiten schwammiger. So ist bei vielen Ländern weiterhin unklar, welche Klimaziele als „angemessen" betrachtet werden können – zum Beispiel bei Schwellenländern mit hohen absoluten Emissionsniveaus, aber noch immer relativ geringen Pro-Kopf-Emissionen. Vor allem aber hat die flexiblere Einstufung der Vertragsstaaten bisher nicht das Problem der insgesamt unzureichenden Ambition lösen können und damit die Ungerechtigkeit der Situation für die am stärksten betroffenen Länder nicht abgemindert.

Wer spricht, wird gehört – oder?

Internationale Klimapolitik muss darauf abzielen, bestehende Ungleichheiten und Vulnerabilitäten zu reduzieren. Von besonderer Bedeutung für arme und stark gefährdete Länder sind die Themen Klimaanpassung, Bereitstellung von finanziellen Mitteln, Technologietransfer und Kapazitätsaufbau, sowie der Umgang mit unvermeidbaren Verlusten und Schäden (z. B. durch klimabedinge Umweltkatastrophen). Obwohl all diese Themen im Pariser Klimaabkommen grundsätzlich Anerkennung finden, genießen sie in den internationalen Klimaverhandlungen nicht denselben Stellenwert wie Diskussionen zu Treibhausgassenkungen, die von den reicheren Vertragsstaaten priorisiert werden.

Da UNFCCC-Entscheidungen im Konsens beschlossen werden, spielt Verhandlungsstärke eine wichtige Rolle, wenn es darum geht, die eigenen Interessen in Kompromissbeschlüsse einfließen zu lassen. In dieser Hinsicht sind Länder mit geringeren diplomatischen Ressourcen benachteiligt. Zum Beispiel machen es kleine Delegationsgrößen schwieriger, die vielen formellen und informellen Konsultationen zu verfolgen, die oft parallel während der Klimaverhandlungen laufen. Zudem erfordert eine effektive Teilnahme an den komplexen und oft langwierigen Gesprächen auch ein großes Maß an juristischer und technischer Expertise, die nicht allen Ländern zur Verfügung steht. Auch die Fairness des Konsensprinzips selbst kann hinterfragt werden, denn es erlaubt Ländern, die weniger Interesse an einem ambitionierten Kompromiss haben, internationale Beschlüsse zu blockieren oder abzuschwächen. Trotzdem konnten einige strukturell benachteiligte Länder durchaus eine recht aktive Rolle in der Entwicklung des UNFCCC-Regimes spielen. Zum einen können gefährdete Länder mit niedrigen Emissionen einen glaubwürdigen Anspruch auf moralische Führung erheben. Dies gilt insbesondere für kleine Inselstaaten, die durch den klimabedingten Anstieg des Meeresspiegels in ihrer Existenz bedroht sind. Kleinere Delegationen können außerdem strategischen Vorreiter-Koalitionen beitreten, um sich gegenseitig zu unterstützen oder mit Ressourcen-stärkeren Ländern zu bestimmten Themen zusammenzuarbeiten. Ein Beispiel für Letzteres ist die sogenannte „High Ambition Coalition" (HAC), eine heterogene Allianz aus Industrie-, Schwellen- und Entwicklungsländern, der auch Deutschland angehört. Die HAC wurde 2014 von den Marshallinseln gegründet und trug unter anderem maßgeblich dazu bei, dass das 1,5-Grad-Celsius-Temperaturlimit Eingang in das Pariser Klimaabkommen fand. (2)

Unzureichende Mittel und gebrochene Versprechen

Den hartnäckigen diplomatischen Bemühungen besonders betroffener Länder ist auch zu verdanken, dass das Thema Verluste und Schäden („Loss and Damages") mittlerweile prominent diskutiert wird. In der Vergangenheit hatten die Industrieländer Gespräche zu diesem Thema nur in einem engen Kontext von Klimaanpassungsmaßnahmen und Risikomanagement zugelassen, weil sie befürchteten, dass andernfalls Entschädigungsansprüche gegen sie geltend gemacht werden könnten. Dass die Vertragsstaaten sich bei den jüngsten Klimaverhandlungen erstmals auf die Einrichtung eines internationalen Fonds für Verluste und Schäden geeinigt haben, ist daher ein historischer Verhandlungserfolg für besonders gefährdete Länder. Allerdings basiert der Fonds ausdrücklich auf dem Prinzip der Solidarität und nicht auf Grundsätzen der Klimagerechtigkeit. Schätzungen zufolge deckt das derzeit zugesagte Geld weniger als 0,2 Prozent der klimabedingten Verluste und Schäden ab, denen Länder des Globalen Südens bereits jetzt ausgesetzt sind. (3) Auch die Mittel, die von den reichen Vertragsstaaten für Klimaschutz- und Klima-

,, Das Konsensprinzip erlaubt es Ländern, die weniger Interesse an einem ambitionierten Kompromiss haben, internationale Beschlüsse zu blockieren oder abzuschwächen. ''

anpassungsmaßnahmen im Globalen Süden bereitgestellt werden, sind nach wie vor völlig unzureichend. (4) Ein Versprechen der Industrieländer, bis 2020 jährlich 100 Milliarden Dollar an Klimafinanzierung bereitzustellen, wurde nicht pünktlich eingelöst. Das hat das Vertrauen zwischen den reichen und armen Vertragsstaaten erheblich untergraben und wird die anstehenden Verhandlungen eines neuen, weitaus ambitionierteren Finanzierungsziels schwierig machen. Hinzu kommt, dass ein großer Teil der internationalen Klimafinanzierung in Form von Darlehen erfolgt und somit zusätzliche Abhängigkeiten für bereits verschuldete Länder schafft.

Fairness als existenzielle Notwendigkeit

Viele der strukturellen Benachteiligungen, denen einkommensschwache Länder in den UNFCCC-Verhandlungen ausgesetzt sind, zeigen sich auch in anderen globalen Institutionen, die sich mit dem Klimawandel beschäftigen. So sind zum Beispiel Wissenschaftler*innen aus dem Globalen Süden im Weltklimarat (IPCC) stark unterrepräsentiert. (5) Zivilgesellschaftliche und/oder privatwirtschaftliche internationale Klimainitiativen bestehen ebenfalls vorwiegend aus Vertretern des Globalen Nordens. Andere einflussreiche Formate, wie zum Beispiel die G7 oder die G20, bieten gar keine oder nur stark beschränkte Möglichkeiten der Einflussnahme durch die einkommensschwächsten Länder.

Daher bleibt die UNFCCC, trotz ihrer Unzulänglichkeiten, gerade für arme und stark vom Klimawandel betroffene Länder ein wichtiges Forum. Dass viele von ihnen in den letzten Jahren ihre diplomatischen Delegationen vergrößern konnten, könnte die bestehenden strukturellen Ungleichheiten ein wenig abschwächen. (6) Letztendlich aber bilden die multilateralen Verhandlungen das ab, was innenpolitisch von den (mächtigsten) Vertragsstaaten als machbar angesehen wird.

In dieser Hinsicht ist der Kampf für mehr internationale Klimagerechtigkeit dadurch erschwert, dass jeder Vertragsstaat auch nationale Verteilungskonflikte bewältigen muss. Herausforderungen wie die Covid-19-Pandemie haben gezeigt, dass internationale Solidarität in Krisenzeiten nicht unbedingt ansteigt, auch wenn die Risiken und Verluste auf globaler Ebene extrem ungleich verteilt sind. Das macht es umso dringlicher, die besondere Verantwortung reicher Länder in der Klimakrise zu betonen. Schließlich ist eine gerechtere und effektivere Klimapolitik für die am stärksten betroffenen Länder und Bevölkerungsgruppen nicht nur eine Frage von Fairness, sondern zum Teil eine existenzielle Notwendigkeit. _____■

Quellen
(1) https://unfccc.int/resource/docs/convkp/convger.pdf.
(2) www.highambitioncoalition.org/work
(3) www.cisl.cam.ac.uk/news/blog/rich-nations-700-million-cop28-pledges-cover-02-climate-change-loss-and-damage
(4) www.oecd.org/en/publications/climate-finance-provided-and-mobilised-by-developed-countries-in-2013-2022_19150727-en.html
(5) https://carnegieendowment.org/posts/2023/09/the-ipccs-lack-of-geographically-diverse-expertise-may-be-stymieing-climate-efforts?lang=en
(6) Martinez, G. S. et al. (2019): Delegation size and equity in climate negotiations: An exploration of key issues. Carbon Management, 10(4), S. 431-435.

Welche Superheldin der Klimagerechtigkeit würden Sie gerne verkörpern?

Ich wünsche mir die Superkraft, die Stimmen der am meisten Betroffenen für alle hörbar zu machen.

nance Institute am University College London beschäftigt sie sich vor allem mit internationaler Klima- und Nachhaltigkeitspolitik, insbesondere im Hinblick auf die sich verändernde Governance-Landschaft im Kontext des Pariser Klimaabkommens.

Zur Autorin

Julia Kreienkamp ist Politikwissenschaftlerin. Sie arbeitet sowohl im Bereich Forschung als auch im Bereich Kommunikation. Als wissenschaftliche Mitarbeiterin beim Global Gover-

Kontakt

Julia Kreienkamp
Global Governance Institute
University College London (UCL)
E-Mail j.kreienkamp@ucl.ac.uk

Die CO$_2$-Emissionen von Jung und Alt

Mehr Klimaschutz durch Transparenz

Die Auswirkungen des Klimawandels betreffen uns alle. Doch gerade junge Menschen werden die Folgen über ihr gesamtes Leben lang spüren. Deshalb braucht es gerechte Lösungen, die sowohl individuelle als auch staatliche Maßnahmen einbeziehen und die Verantwortung für den Klimaschutz fair verteilen.

Von Jörg Tremmel

──────Generationengerechtigkeit ist ein offensichtlich positiv konnotiertes Konzept. Daher verwundert es wenig, dass alle möglichen Akteur*innen es für ihre Ziele einspannen wollen und behaupten, dieses oder jenes Wünschenswerte sei „generationengerecht". Seriöse Theorien der Generationengerechtigkeit beschäftigen sich mit Vergleichen zwischen Generationen. Dies ist jedoch komplexer, als man denken könnte. (1) Zum einen ist der Generationenbegriff mehrdeutig. Zum anderen sind Vergleiche zwischen Generationen (im Sinne von Altersgruppen) zu einem bestimmten Zeitpunkt (z. B. im Jahr 2100) und zwischen bestimmten Kohorten (z. B. den 15-Jährigen, den 0-15-Jährigen oder auch den 0-99-Jährigen) zu verschiedenen Zeitpunkten möglich. Im Jahr X (z. B. im Jahr 2100) wird die weltweite Durchschnittstemperatur auf Landflächen vermutlich um mindestens drei Grad Celsius zugenommen haben und Extremwetterereignisse werden häufiger als heute auftreten. Die dann lebenden Generationen (gemeint ist hier: die dann lebenden Menschen) werden deutlich mehr unter Wetterextremen leiden als die heute lebende Generation. Eine rein zeitpunktbezogene Betrachtung – oder Momentaufnahme – würde verschleiern, wie unterschiedlich Generationen in ihrem Gesamtlebensverlauf unter der Klimakrise leiden werden (vgl. Abb. 1).

Man kann also, erstens, einen Generationenvergleich als Momentaufnahme durchführen, und beispielsweise sagen: Im Jahr 2050 haben alle eine bestimmte Zahl an Extremwetterereignissen zu ertragen, also sind alle gleich (schlecht) dran. Man kann aber auch die neue Lebensverlaufsperspektive einnehmen, und sagen: Eine Person, die heute (2024) 15 Jahre alt ist, hat im Gesamtlebensverlauf durchschnittlich acht Wetterextreme pro Lebensjahr zu ertragen. Eine Person, die vor dreißig Jahren (also im Jahr 1994) 15 Jahre alt war, hat im Laufe ihres gesamten Lebens sechs Wetterextreme pro Jahr zu ertragen. Und eine Person, die vor 60 Jahren (also im Jahr 1964) 15 Jahre alt war, hat nur vier Wetterextreme pro Jahr zu ertragen. Schaut man sich die Zukunft an, so wird jemand, der 2054 ein 15-jähriger ist, im Verlauf seines gesamten Lebens dann noch mehr solche Ereignisse pro Lebensjahr zu ertragen haben (etwa zwölf).

1 Die Betroffenheit verschiedener Generationen in deren Lebensverlauf

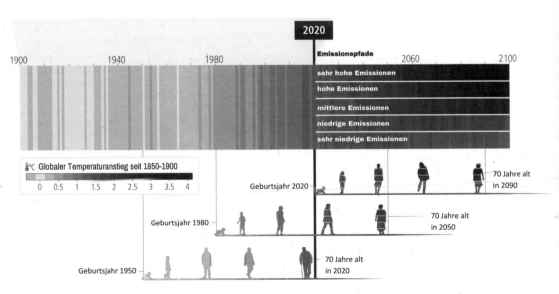

_Quelle: IPCC 2023 (2)

Die Zahlen sind fiktiv, aber das Prinzip sollte klar geworden sein. „Von einer Perioden- zu einer Kohortenperspektive der Exposition gegenüber Extremereignissen" nennen Thiery et al. diesen Perspektivenwechsel. (3) Die Generationenperspektive zeigt also auf: Junge und zukünftige Generationen werden – über ihren Lebensverlauf betrachtet – stärker von den negativen Folgen der Erderwärmung betroffen sein als ihre Vorgänger-Generationen. (4)

Die Generationenperspektive auf der Verursacherseite

Die Generationenbrille aufzusetzen, führt noch bei einer anderen Frage zu interessanten Einsichten: Wer ist mehr für den Klimawandel verantwortlich? Die Älteren oder die Jüngeren? Vermutlich haben die wenigsten der acht Milliarden Menschen auf der Erde jemals über ihren persönlichen CO_2-Fußabdruck nachgedacht. Die allermeisten derjenigen Erdenbürger*innen, die die Bedrohungen durch den Klimawandel erkannt haben, folgen dem Paradigma: „Die Politik soll das Klimaproblem für uns lösen." Dieses Paradigma trägt eine Mitschuld daran, dass wir als Menschheit eine verheerende und täglich schlimmer werdende Klimabilanz haben. Das gegenteilige Paradigma: „Was die Politik tut, spielt keine Rolle" wäre aber genauso falsch. Die Wirklichkeit liegt in der Mitte, und diese ausgewogene Position lässt sich in etwa so formulieren: Klimaschutz ist eine Aufgabe für staatliche Institutionen, aber auch für jede*n Einzelne*n. Also explizit auch für Nicht-Politiker*innen. Klimaschutz muss zwar »von oben« erleichtert werden, Klimaschutzvorgaben und -vorhaben brauchen aber auch »von unten« Unterstützung. Mit anderen Worten: Wir brauchen Bottom-up und Top-down gleichzeitig.

Niemand bestreitet, dass der Staat Infrastruktur (z. B. für Wasserstoffnetze, Starkstromleitungen etc.) bauen muss und dass er über das Ordnungsrecht die schlimmsten Klimasünden verbieten sollte. Aber bisher wird zu oft der Politik die alleinige Verantwortung zugeschoben. Wenn nicht Individuen den eigenen CO_2-Fußabdruck weit stärker als bisher bedenken, berechnen und dann reduzieren, wird die Menschheit beim Klimaschutz scheitern.

Der in Deutschland am häufigsten genutzte CO_2-Rechner ist derjenige des Umweltbundesamtes. (5) Die wichtigsten Treiber von Emissionen sind: die Zahl der Flugreisen, die Ernährungsgewohnheiten und die Art des Wohnens. (6)

Da es bei Deckung des eigenen (z. T. lebensnotwendigen) Bedarfs beim besten Willen nicht möglich ist, einen Brutto-Fußabdruck von null zu erreichen, sind Maßnahmen nötig, um aktiv CO_2 wieder „einzufangen". Anders lässt sich auf individueller Ebene kein Gleichgewicht zwischen den Emissionen von Treibhausgasen aus Quellen und dem Abbau solcher Gase durch Senken erreichen. Hier kommen nun die Remissionszertifikate (nicht: Kompensationszertifikate!) ins Spiel, die mit Maßnahmen hinterlegt sind, die wirklich CO_2 aus der Atmosphäre holen und es geologisch für Jahrhunderttausende oder zumindest biologisch für einige Jahrzehnte speichern. Im bestmöglichen Fall sorgt man dafür, dass der Kohlenstoff wieder dorthin verfrachtet wird, wo er vor der Extraktion für Jahrmillionen gelegen hatte: in die Erdkruste. (7)

Nicht für Jahrtausende, aber zumindest für einige Jahrzehnte kann man CO_2 aus der Luft holen, wenn man dafür sorgt, dass es in Biomasse gebunden wird. Die günstigste Methode ist derzeit die Herstellung von Pflanzenkohle. Diese Kohle, auch Biochar genannt, wird unter Luftabschluss bei Temperaturen zwischen 380 und 1.000 Grad Celsius hergestellt (sogenannte Pyrolyse).

Zeit für persönliche Klimaschutzziele

Das Paradigma einer Multi-Akteurs-Verantwortungszuschreibung, die auch Individuen in den Blick nimmt, wird auch vom Deutschen Ethikrat propagiert. Ein Gegenargument könnte lauten, dass dadurch viele Menschen finanziell überfordert würden. Eine solche finanzielle Überforderung gibt es aber jedenfalls nicht für die Millionen Einzelpersonen weltweit, die ein Jahreseinkommen von mehr als 100.000 Euro sowie ausreichend Vermögen haben. Ein zweites Gegenargument könnte lauten, dass die nicht staatlichen Akteure mit ihrem bisherigen klimaschädlichen Lebensstil einfach weitermachen und sich anschließend über Remissionszertifikate »reinwaschen« könnten. Dieses Argument unterliegt einem Denkfehler, wie die Empirie zeigt. Um nicht Remissionszertifikate in großen Mengen kaufen zu müssen, erwägt ein klimabewusst-moralisch, aber eben auch ökonomisch denkendes Unternehmen oder Individuum, die Emissionen von Anfang an zu vermeiden. Bei der Abwägung zwischen den zwei Optionen a) Vermeidung und b) Entnahme beginnen auch solche Unternehmen und Menschen Emissionen zu vermeiden, die

„ Ältere Menschen haben tendenziell ein höheres Einkommen und das führt zu höheren Pro-Kopf-Emissionen. "

vorher weder a) noch b) machten. Wer bisher durch Flüge viel CO_2 in die Luft emittiert hat, erkennt nun, wie teuer es ist, die entsprechende Menge CO_2 im Nachhinein durch den Kauf von Remissionszertifikaten wieder dort »herausholen« zu lassen. Seit dem Pariser Klimaschutzabkommen von 2015 bilden die nationalen Klimaschutzbeiträge (Nationally Determined Contributions, NDCs,) das Herzstück der internationalen Klimaschutzstrategie. Es ist notwendig, dass persönliche Klimaschutzziele (Personally Determined Contributions, PDCs) daneben treten. Dann würde deutlicher, dass reiche Menschen weltweit die Hauptproblemverursacher*innen sind. Der neueste Bericht des Weltklimarats (Intergovernmental Panel on Climate Change, IPCC) enthält dazu eine Quantifizierung: „Die 10 % der Haushalte mit den höchsten Pro-Kopf-Emissionen tragen 34-45 % zu den weltweiten verbrauchsbedingten Treibhausgasemissionen der Haushalte bei, während die unteren 50 % 13–15 % beitragen" (2, Zahlen für Deutschland: 6). Treiber waren hierbei vor allem die vielen Flüge mit Privatflugzeugen, teure Yachten sowie große Gebäudekomplexe.

Bei der Top-down-Methode, die hinter solchen Zahlen steht, werden allerdings Pauschalannahmen hinterlegt, die fehleranfällig sind. Insbesondere werden die Negativemissionen einiger klimabewusster, reicher Menschen nicht berücksichtigt. So hat etwa Bill Gates Maßnahmen getroffen, mit denen Microsoft bis 2030 netto null bei den laufenden Emissionen stehen wird. (8)

Jährliche CO_2-Erklärung für mehr Gerechtigkeit?

Gäbe es etwa ein Gesetz in Deutschland, dass alle Bürger*innen verpflichtete, eine jährliche CO_2-Bilanz (ähnlich der Steuererklärung) zu machen, so wäre zweifelsfrei ermittelbar, wie stark die positive Korrelation zwischen Lebensalter und

CO_2-Fußabdruck ist. Da es sie aber nicht gibt, sind wir auf Schätzungen und punktuelle Einzeldaten angewiesen. Das Umweltbundesamt stellt alle ausgefüllten CO_2-Fußabdrücke aus seinem Rechner für 2022 (15.879 Datensätze) und 2023 (22.382 Datensätze) zur Verfügung. Sie wurden auf eine Korrelation von Alter und CO_2-Fußabdruck untersucht. (9) Bei aller Vorsicht lässt sich trotzdem ein Anstieg des CO_2-Fußabdrucks mit steigendem Alter aus den Daten ablesen.

Ganz generell dürfte das Einkommen die intermediäre Variable sein: Ältere Menschen haben tendenziell ein höheres Einkommen, und dies führt zu höheren Pro-Kopf-Emissionen. Wer weniger als 1.000 Euro Netto-Einkommen pro Monat hat, hat einen Klima-Fußabdruck von sechs Tonnen. Bei mehr als 4.000 Euro Netto-Einkommen pro Monat liegt dieser mehr als doppelt so hoch, bei 13 Tonnen. (10) Bekannt ist auch: Die Wohnfläche pro Kopf nimmt in Deutschland mit zunehmendem Alter zu: Von gut 30 Quadratmetern bei den Unter-17-Jährigen auf rund 50 Quadratmeter bei den Über-60-Jährigen. Wenig überraschend liegen auch die CO_2-Emissionen für Heizung bei den Älteren um rund 50 Prozent über denen der Jüngeren. (11) Neben dem Einkommen ist aber auch das Vermögen relevant. Denn wer ein hohes Vermögen hat, könnte zum Beispiel auf einen Schlag durch den Einbau von Photovoltaikaanlage und Wärmepumpe den eigenen CO_2-Fußabdruck im Sektor Wohnen drastisch reduzieren. Menschen mit mittelhohem Einkommen, aber geringem Vermögen, haben diese Möglichkeit nicht. Das Vermögen ist ganz überwiegend bei den Älteren konzentriert.

Kurzum: Die heute Jungen sind zumindest teilweise im Recht, wenn sie den heute Alten zurufen: „Wir sind hier, wir sind laut, weil ihr uns die Zukunft klaut." ▬

Quellen
(1) Tremmel, J. (2012): Eine Theorie der Generationengerechtigkeit. Münster.
(2) IPCC (2023): Climate change 2023: Synthesis report, S. 8.
(3) Thiery, W. et al. (2021): Intergenerational Inequities in Exposure to Climate Extremes. In: Science 374, Heft 6564/2021.
(4) Stiftung für die Rechte zukünftiger Generationen (2024): Generationengerechtigkeit. Stuttgart. Im Erscheinen.
(5) https://uba.co2-rechner.de/de_DE/. Der Autor berechnet und veröffentlicht seit 2022 seine eigenen persönlichen Fußabdrücke, siehe: https://uni-tuebingen.de/de/76581.

(6) www.diw.de/documents/publikationen/73/diw_01.c.9069/4.de/24-27.pdf

(7) Tremmel, J. et al. (2024): Negative Emissionen: Eine neue Phase der Klimapolitik zur Reduktion der globalen Erwärmung auf 1 °C über vorindustriellem Niveau. Diskussionsbeiträge der Scientists for Future, 15, S. 1-43.

(8) Joppa, L. et al. (2021): Microsoft's million-tonne CO_2-removal purchase – lessons for net zero.

(9) http://generationengerechtigkeit.info/wp-content/uploads/2024/07/SRzG-Studie-zu-CO2-Fussabdruck-und-Alter.pdf

(10) www.umweltbundesamt.de/service/uba-fragen/wie-hoch-sind-die-treibhausgasemissionen-pro-person

(11) Kleinhückelkotten, S. et al. (2016): Repräsentative Erhebung von Pro-Kopf-Verbräuchen natürlicher Ressourcen in Deutschland (nach Bevölkerungsgruppen). Dessau-Roßlau, S. 143.

Welche*n Superheld*in der Klimagerechtigkeit würden Sie gerne verkörpern?
Greta Thunberg, als sie sich noch auf Klimapolitik und nicht auf den Nahost-Konflikt konzentriert hat.

Zum Autor
Jörg Tremmel ist Politikwissenschaftler und Philosoph. Er ist außerplanmäßiger Professor an der Wirtschafts- und Sozialwissenschaftlichen Fakultät der Universität Tübingen. Zudem ist er Geschäftsführer der Stiftung für die Rechte zukünftiger Generationen (SRzG).

Kontakt
apl. Prof. Dr. Dr. Jörg Tremmel
Universität Tübingen
E-Mail joerg.tremmel@uni-tuebingen.de

Historische Abhängigkeiten und koloniale Ungerechtigkeiten prägen die Klimapolitik bis heute.
Die Sichtweisen der weniger entwickelten und armen Länder finden kaum Gehör, denn der Globale
Norden dominiert die internationalen Klimaverhandlungen. – Wie definiert Afrika Klimagerechtigkeit? Warum gibt es ohne Vielfalt keine Verteilungsgerechtigkeit? Kann Geschlechtergerechtigkeit den sozial-ökologischen Wandel vorantreiben?

Klimagerechtigkeit aus Sicht des Globalen Südens

Afrikas Kampf gegen die Klimakrise

Der Klimawandel bedroht Afrika massiv, obwohl der Kontinent dazu historisch kaum beigetragen hat. Dringend nötig sind gerechte Lösungen, die die Bedürfnisse und Rechte der am stärksten betroffenen Menschen vorrangig berücksichtigen. Dafür müssen eurozentristische Herangehensweisen infrage gestellt werden.

Von Victoire Ghafi Kondi Akara

———Afrika gilt als der Kontinent, der den Folgen des Klimawandels – hohen Temperaturen, Trockenheit, Starkregen und Überschwemmungen – am stärksten ausgesetzt ist. Hinzu kommt, dass viele Regionen in Afrika unter schwerer Armut leiden, die ihre Verwundbarkeit gegenüber diesen klimabedingten Herausforderungen noch verstärkt. Viele afrikanische Regionen sind für ihren Lebensunterhalt in hohem Maße von klimasensiblen Sektoren wie Landwirtschaft, Fischerei und Jagd abhängig. Dort sind die Folgen des Klimawandels besonders eng mit Fragen sozialer Gerechtigkeit und wirtschaftlicher Entwicklung verknüpft, denn die Erderhitzung verschärft vorhandene Probleme wie Ernährungsunsicherheit, Wasserknappheit und Bedrohungen für die Existenzgrundlage (vgl. S. 60 ff.). Der steigende Meeresspiegel stellt zudem eine erhebliche Gefahr für an der Küste lebende Bevölkerungen und Ökosysteme dar.

Die zentrale Bedeutung Afrikas für den Klimawandeldialog hat ihren Ursprung in den fragilen Volkswirtschaften des Kontinents und seiner Abhängigkeit von der Landwirtschaft, die dazu führen, dass seine Bevölkerung – vor allem marginalisierte Gruppen wie Arme, Frauen und Indigene – überproportional unter den Auswirkungen der Erderhitzung leidet. Die afrikanische Infrastruktur, insbesondere in den Bereichen Energie, Verkehr und Wasserwirtschaft, ist häufig nicht robust genug, um den Klimawandelfolgen standzuhalten. Zudem behindern politische Instabilität und konkurrierende Entwicklungsprioritäten in zahlreichen Ländern des Kontinents wirksamen Klimaschutz. Da die Länder Afrikas eine niedrigere Anpassungskapazität im Vergleich zu anderen Regionen aufweisen, ist es entscheidend, diese Vulnerabilitäten bei der Entwicklung von wirksamen Anpassungsstrategien auf Basis der verfügbaren lokalen Lösungen zu berücksichtigen.

Unterrepräsentation des Globalen Südens

Die Repräsentation von Staaten bei den internationalen Klimaverhandlungen hat Einfluss auf die globalen Regelungen zum Klimaschutz. Die Stimmen der Entwicklungs- und am wenigsten entwickelten Länder wurden bei Klimaschutzverhandlungen bislang nicht gehört (vgl. S. 33 ff.). Darin zeigt sich die Marginalisierung der schutzbedürftigen Gruppen im Hinblick auf Entscheidungsgewalt, Sensibilisierung und Verhandlungsmacht.

Die fehlende Vertretung von Entwicklungsländern bei den internationalen Klimaverhandlungen deutet auch auf ungleiche Machtverhältnisse hin. Von den Klimaabkommen profitieren bislang hauptsächlich die Industrieländer. Eine inklusive Entscheidungsfindung mit verschiedenartigen Interessengruppen wäre gerechter. Das Ausbalancieren von Inklusivität und Fairness ist entscheidend, insbesondere für Länder, die sich schwerwiegenden Auswirkungen gegenübersehen. Gewählte Vertreter*innen können dabei ein gangbarer Weg sein. Entscheidungsprozesse im Rahmen der internationalen Klimaverhandlungen sollten sich an den Grundsätzen gleichberechtigter Teilhabe und globaler Solidarität orientieren.

Afrikanische Länder beteiligen sich dennoch aktiv an den internationalen Klimaschutzverhandlungen, setzen sich für faire und gerechte Lösungen ein und üben Druck auf Industrieländer aus, damit sie Anpassungs- und Minderungsbemühungen der Länder des Globalen Südens unterstützen. Sie betonen insbesondere die Notwendigkeit, bei der Finanzierung des Klimaschutzes finanzielle Ungleichgewichte und Ungerechtigkeiten zu berücksichtigen.

Länder Afrikas haben die Anpassung an den Klimawandel ganz oben auf die Tagesordnung der Verhandlungen gesetzt und ihre Bedeutung für die Minderung der Auswirkungen auf schutzbedürftige Gruppen anerkannt. Sie waren an wichtigen Initiativen wie dem Anpassungsfonds auf der Klimakonferenz 2023 in Dubai (COP 28), den Cancún-Vereinbarungen von 2010 und dem 2005 eingeführten „Nairobi-Arbeitsprogramm" zu Auswirkungen, Vulnerabilität und Anpassung an den Klimawandel beteiligt. Trotz der Herausforderungen und Ressourcenbeschränkungen hat Afrika in der Klimadiplomatie Resilienz bewiesen und Einfluss auf Entscheidungen wie die Einrichtung des Fonds für Verluste und Schäden genommen.

Das koloniale Erbe der Netto-Null-Lösungen

Regierungen, multinationale Unternehmen und internationale Organisationen haben verschiedene Vorschläge gemacht, wie die Weltwirtschaft im Einklang mit dem 1,5-Grad-Ziel des Pariser Klimaabkommens schnell dekarbonisiert und bis 2050 klimaneutral werden kann. Diese Rhetorik stellt keine Abkehr vom kolonialen Erbe dar, das Natur und Menschen als Rohstoffe für die wirtschaftliche Wertschöpfung betrachtet. Die Umstellung auf eine klimaneutrale Wirtschaft sollte stattdessen mit einem moralischen Recht und einer Verpflichtung zur Herstellung eines gerechten sozialen Rahmens durch den gleichberechtigten Schutz der Würde und Rechte aller Menschen einhergehen. Auch wenn sich die Definition dessen, was unter Gerechtigkeit und Fairness zu verstehen ist, ständig weiterentwickelt, bleiben sie für die Entwicklung einer sogenannten Netto-Null-Strategie von entscheidender Bedeutung. Netto-Null-Strategien müssen eine sozial gerechte Verteilung von Lasten und Nutzen fördern, die wiederum partizipative Entscheidungsprozesse erfordert, in denen ungerechtfertigt benachteiligten Gruppen eine privilegierte Position eingeräumt wird.

Infolge kolonialer und anderer Strukturen wurde der größte Teil der historischen CO_2-Emissionen in den Ländern des Globalen Nordens nicht erfasst, wobei die (nach Einkommen) reichsten 20 Prozent für mehr als die Hälfte der CO_2-Emissionen verantwortlich sind. Studien haben weltweit gezeigt, dass Projekte auf lokaler Ebene oft noch immer durch eine zentrale Kontrolle und Lenkung von Mitteln gekennzeichnet sind, in denen sich die einstige Autorität von Kolonialstaaten fortsetzt.

Das Bemühen um die Beseitigung negativer Ungleichgewichte, die ihre Wurzeln in der Geschichte haben, schafft die Voraussetzung für neue Verfahrensweisen, die soziale Gleichheit, Gerechtigkeit und Inklusion auf der ganzen Welt fördern. Die erfolgreiche Formulierung und Umsetzung von Netto-Null-Strategien wird zudem großen Einfluss auf zukünftige Bemühungen um eine Stabilisierung der Konzentration von Treibhausgasen in der Atmosphäre auf einem Niveau haben, das niedrig genug ist, um eine nicht beherrschbare und katastrophale Beeinträchtigung des Klimas abzuwenden.

Klimagerechtigkeit aus dekolonialer Perspektive

Klimagerechtigkeit zielt darauf ab, eine gerechte Verteilung von Umweltressourcen und -verpflichtungen sicherzustellen, indem ein gleichberechtigter Zugang zu Errungenschaften wie wirtschaftlicher Entwicklung und öffentlichem Gesundheitswesen geschaffen wird, schutzbedürftige Gruppen geschützt und Umweltsünder zur Rechenschaft gezogen werden. Zu den zentralen Aspekten von Klimagerechtigkeit zählen Punkte wie die gerechte Aufteilung von Nutzen und Lasten, der Schutz der Menschenrechte und die Entschädigung der Betroffenen, die Einführung relevanter Gesetze und Rechtsrahmen, die Unterstützung des Rechts auf Entwicklung (vgl. S. 22 ff.).

Klimaschutz- und Anpassungsmaßnahmen müssen auf fairen und inklusiven Prozessen und einer gerechten Verteilung von Ressourcen basieren. Vulnerabilitäten und Marginalisierungen lassen sich jedoch nur dann beseitigen, wenn auch ein Verständnis dafür vorhanden ist, wie lokale Regierungen wirksam und sinnvoll auf dem aufbauen können, was sich aus der Einbeziehung der Gemeinden vor Ort und den Kenntnissen gelebter Erfahrung lernen lässt. Diese Einbeziehung der Menschen vor Ort kann als Spektrum verstanden werden, das von wenig bis gar keiner Einbeziehung bis hin zu demokratischer Teilhabe und gemeinschaftlichen Entscheidungsprozessen reicht.

Die Klimarahmenkonvention der Vereinten Nationen (UNFCCC) bietet wertvolle Einsichten für Akteure im Bereich des Klimawandels. Jedoch ist es wichtig zu verhindern, dass sinnvolle Vorgehensweisen an den Rand gedrängt werden, indem man sich ausschließlich auf Netto-Null-Lösungen konzentriert, die das koloniale

„ Wir müssen dem kapitalistischen und westlichen Entwicklungsdiskurs entgegentreten und die einzigartigen Erfahrungen von Ländern und Menschen berücksichtigen. "

Erbe verfestigen. Wir müssen dem kapitalistischen und westlichen Entwicklungsdiskurs entgegentreten und den jeweils einzigartigen Kontext, die einzigartige Kultur und die einzigartigen Erfahrungen von Ländern und Menschen berücksichtigen. Eine faire Verteilung der natürlichen Ressourcen ist dabei unverzichtbar. Kleinbäuerinnen und -bauern sollten von einer Agrarökologie profitieren, die Selbstständigkeit fördert und Treibhausgasemissionen reduziert. Gemeinschaftsstrukturen sind ebenfalls ein wirksames Mittel, um Fertigkeiten und Wissen auszutauschen und die Bewahrung von spezifischem Wissen und den Zugang zu diesem sicherzustellen.

Ein Ansatz, der die Menschen vor Ort in den Mittelpunkt stellt, hilft dabei, Kapazitäten aufzubauen und Risiken durch den Klimawandel zu steuern. Ein kollaborativer, ortsbasierter Ansatz bringt lokale Regierungen, Organisationen der örtlichen Gemeinschaften und Menschen vor Ort zusammen, um Entscheidungsprozesse zu komplexen und schwierigen Fragen partnerschaftlich und gemeinschaftlich zu gestalten. Auf der anderen Seite ist die Einbeziehung von Klimaerwägungen in Entwicklungspläne von zentraler Bedeutung, um nachhaltige Entwicklungspfade in Afrika und anderen Entwicklungsländern zu unterstützen.

Chancen für Afrika

Afrika kann von der internationalen Zusammenarbeit, dem Wissensaustausch und den gemeinsamen Bemühungen zur Verbesserung der Klimaresilienz und zur Entwicklung von kontextspezifischen Strategien profitieren.

Die folgenden Maßnahmen können zahlreiche Chancen für den Globalen Süden eröffnen:

1. Nutzung von Initiativen im Bereich Klimagerechtigkeit: Regierungen können solche Initiativen nutzen, um positive Veränderungen voranzutreiben, und dabei die überproportionalen Auswirkungen des Klimawandels auf schutzbedürftige Bevölkerungsgruppen und das Erfordernis von gerechten Lösungen zu unterstreichen.
2. Investitionen in einen Energiemix und grüne Technologien kurbeln das Wirtschaftswachstum für die wachsende Bevölkerung des Kontinents an, schaffen Arbeitsplätze für junge Menschen, reduzieren die Abhängigkeit von fossilen Energieträgern und leisten so einen Beitrag zur nachhaltigen Entwicklung.
3. Durch die Einführung von klimaresilienten Infrastruktur- und Anpassungsstrategien lässt sich die Widerstandsfähigkeit der Menschen gegenüber klimabedingten Gefährdungen stärken und Leben und Existenzgrundlagen schützen. Dazu zählen Maßnahmen wie der Aufbau einer überschwemmungssicheren Infrastruktur, die Entwicklung von Frühwarnsystemen und die Förderung einer nachhaltigen Landwirtschaft.

Klimagerechtigkeit braucht ganzheitliche Ansätze

Entwicklungsländer befürchten, dass internationale Programme wie der Mechanismus für umweltverträgliche Entwicklung und der CO_2-Handel ökologische Schulden verstetigen. Um Klimagerechtigkeit voranzutreiben, wird ein ganzheitlicher Ansatz benötigt. Dazu zählen die Stärkung von Anpassungsbemühungen, die Förderung erneuerbarer Energiequellen, das Empowerment marginalisierter Gemeinschaften, der Einsatz für Gerechtigkeit bei den Klimaverhandlungen und die Unterstützung der Zusammenarbeit der verschiedenen Akteure.

Afrikanische Humanist*innen haben sich zum Ziel gesetzt, die exzessiven Auswirkungen des Markts auf die Umwelt zu steuern, die Dominanz des Materiellen infrage zu stellen und Kapitalist*innen an den menschlichen Ursprung von Gewinnen zu erinnern. Diese Maßnahmen sind entscheidend für den Aufbau von Resilienz, die Reduzierung von Treibhausgasemissionen, die Gewährleistung inklusiver Entscheidungsprozesse und das Erreichen der globalen Klimaziele. Durch die Priorisierung von Klimagerechtigkeit und nachhaltigen Entwicklungspfaden kann Afrika die Folgen des Klimawandels wirksam mindern, ein inklusives Wachstum fördern und den wirtschaftlichen Wohlstand seiner Bevölkerung sicherstellen.

Durch eine solche dekoloniale Perspektive wird der Gerechtigkeitsdiskurs im Globalen Süden, insbesondere in Afrika, neu ausgerichtet, eurozentrische Ansichten werden infrage gestellt und alternative Perspektiven und Ungleichgewichte im globalen Machtgefüge aufgezeigt. Diese Perspektive zeichnet das Bild einer neuen Weltordnung, die von politischen Entscheidungsträgern zusammen mit Graswurzelbewegungen vorangetrieben wird und deren Ziel es ist, wieder ein Gleichgewicht herzustellen. ———

Anmerkung

Die englische Fassung des Artikels findet sich unter www.munichre-foundation.org/en/climate-mitigation/Publication_politische-oekologie/Insights-from-Africa.html

Quellen

https://bristoluniversitypressdigital.com/edcollchap-oa/book/9781529228977/ch001.xml
https://climatepromise.undp.org/news-and-stories/climate-change-matter-justice-heres-why
https://journals.uclpress.co.uk/ucloe/article/id/644/
www.ipcc.ch/report/ar6/wg2/
Porter, L. / Rickards, L. et al. (2020): Climate Justice in a Climate Changed World. In: Planning Theory and Practice, 21(2), S. 1-29.

Welche Superheldin der Klimagerechtigkeit würden Sie gerne verkörpern?
Hamira Kobusingye, die Gründerin von Climate Justice Africa, die den Kampf gegen neokoloniale Praktiken vorlebt und sich für lokale Gemeinschaften einsetzt, die von Klimaproblemen wie der ostafrikanischen Rohölpipeline betroffen sind.

Zur Autorin

Victoire Ghafi Kondi Akara ist Planungsexpertin im Bereich Energieeffizienzpolitik für nachhaltige Energie und Gastforscherin im Bereich Klimawissenschaften am AIMS RIC sowie Gender and Inclusion Officer beim AIMS in Ruanda. Für die Amtszeit 2024-2026 ist sie im Vorstand des Internationalen Netzwerks von Ingenieurinnen und Wissenschaftlerinnen (INWES). Für das Jahr 2024 ist sie auch Klimabotschafterin für Afrika.

Kontakt

Dr. Victoire Ghafi Kondi Akara
African Institute for Mathematical Sciences Research & Innovation Centre (AIMS RIC)
E-Mail vicky.kondi@aims.ac.rw

Geschlechteraspekte der sozial-ökologischen Transformation

Gelegenheitsfenster nutzen

Die Folgen der Klimakrise treffen Menschen je nach Geschlecht unterschiedlich. Trotzdem fehlt auch in der deutschen Klimapolitik oft die Berücksichtigung geschlechtsbezogener Ungleichheiten. Dabei bieten Transformationsprozesse Chancen, tradierte Geschlechterverhältnisse zu hinterfragen und neu zu verhandeln.

Von Ulrike Spangenberg, Marai El Fassi, Lukas Zielinski

⬛⬛⬛Die Ursachen und Auswirkungen des Klimawandels und der darauf reagierenden Klimaschutz- und Klimaanpassungsmaßnahmen sind eng mit strukturellen sozioökonomischen Ungleichheiten verknüpft. Im internationalen Kontext werden dabei auch geschlechterbezogene Ungleichheiten thematisiert. Der Klimawandel – so der Generalsekretär der Vereinten Nationen António Guterres – betreffe Frauen und Mädchen überdurchschnittlich und behindere so den Weg zu vollständiger Gleichberechtigung. In Deutschland werden die Wechselwirkungen zwischen Klimawandel, -politik und Geschlechterverhältnissen trotz rechtlicher Verpflichtungen in der Regel sehr viel seltener in den Blick genommen. Geschlechtergerechtigkeit in der Klima- und Umweltpolitik steht zwar seit mehr als 30 Jahren auf der Agenda von Frauenorganisationen wie beispielsweise genanet. (1) Auch in der Wissenschaft werden diese Themen schon länger aus einer feministischen Perspektive diskutiert und das Umweltbundesamt hat verschiedene Studien zu Geschlecht und Klimapolitik veröffentlicht. Bislang sind diese Überlegungen jedoch selten in politische Entscheidungen eingeflossen.

Für den deutschen Kontext gibt es bisher wenige geschlechterdifferenziert aufbereitete Daten und Studien zu Klimarisiken. Die für den sogenannten Globalen Süden vorhandenen Erkenntnisse – etwa zu den Folgen von Dürren – sind aufgrund unterschiedlicher Rahmenbedingungen nicht ohne Weiteres auf den deutschen Kontext übertragbar. Existierende Studien weisen darauf hin, dass auch in Deutschland Frauen und Männer in unterschiedlicher Weise zum Klimawandel beitragen. Der 2023 veröffentlichte Gleichstellungsindex (Gender Equality Index) zeigt unter Bezug auf verschiedene Studien, dass Frauen im Durchschnitt weniger umweltschädliche Treibhausgasemissionen verursachen. (2) Dies liegt unter anderem an unterschiedlichen Ernährungsweisen (durchschnittlich höherer Fleischkonsum bei Männern), Mobilitätsverhalten (Männer legen längere Strecken zurück, häufig mit dem eigenen Auto) und Konsummustern (Frauen verwenden ihr Einkommen häufiger auf emissionsärmere Produkte und Dienstleistungen). Gleichzeitig sind Frauen seltener in klimapolitisch relevanten Entscheidungspositionen und Gremien vertreten.

Strukturelle Ungleichheiten bestimmen Verwundbarkeit

Die unmittelbaren Folgen des Klimawandels treffen Frauen und Männer in unterschiedlicher Weise. Zu den nachgewiesenen Folgen gehören die zunehmende geschlechterbezogene Gewalt in und nach Hitzeperioden sowie Naturkatastrophen, etwa bedingt durch mentalen Stress und ökonomische Instabilität. Zudem steigt der Bedarf an – zumeist von Frauen geleisteter – Sorgearbeit, etwa wenn Angehörige nach Hitzeperioden intensivere Pflege benötigen. Gleichzeitig gibt es Anzeichen dafür, dass Frauen gesundheitlich durch Hitze stärker betroffen sind, vermutlich aufgrund von Alter, geringeren Einkommen, unzureichend isoliertem Wohnraum und schlechterer Gesundheitsversorgung, einschließlich privater Pflege. Auch die Klimaseniorinnen beriefen sich in ihrer erfolgreichen Klage vor dem Europäischen Gerichtshof für Menschenrechte darauf, dass ältere Frauen vom Klimawandel (und insbesondere von Hitze) stärker betroffen seien. (3)

Die Unterschiede in Verhaltensweisen, Einflussmöglichkeiten und Betroffenheit hängen mit der Verteilung von Erwerbs- und Sorgearbeit, der Segregation des Arbeitsmarktes sowie Geschlechternormen zusammen. Das Geschlecht ist dabei nicht die einzige, zum Teil auch nicht die ausschlaggebende Kategorie. Vielmehr resultieren Unterschiede in erheblichem Umfang auch aus sozialer Ungleichheit, etwa im Hinblick auf Einkommen und Vermögen, sowie Alter oder Migrationsgeschichte. Strukturelle Ungleichheiten im Kontext des Klimawandels müssen demzufolge intersektional betrachtet werden.

> **„ Ein Neudenken von Mobilität kann Geschlechtergerechtigkeit und ökologische Nachhaltigkeit verknüpfen. "**

Zudem genügt es nicht, individuelle Verhaltensweisen oder Betroffenheiten zu untersuchen. Sehr viel wichtiger ist der Blick auf die hinter Alltagspraktiken stehenden Versorgungssysteme, wie etwa Energieerzeugung und Steuerungsmechanismen, zu denen auch gesetzliche Regelungen zählen. Ein Beispiel hierfür ist der für die Bewältigung der Klimakrise zentrale Verkehrssektor. Die derzeitige Regulierung des Straßenverkehrs befördert nicht nur den Klimawandel, sondern perpetuiert geschlechterbezogene Ungleichheiten. Dem Straßenverkehrsrecht, als maßgebliches Regelwerk für Mobilität, liegt das Prinzip „Der Verkehr muss rollen" zugrunde. Dabei wird die individualisierte PKW-Nutzung zur Norm erhoben. Urmila Goel und Ulrike Mausolf verwenden dafür den Begriff der Autonormativität, der nicht nur einzelne Fahrzeuge umfasst, sondern auch dahinterstehende Industrien und die dafür notwendige Verkehrsinfrastruktur. Diese Norm begünstigt ein männlich konnotiertes, erwerbszentriertes Mobilitätsverhalten, das zudem durch Maßnahmen wie Pendlerpauschale, Dienstwagenprivileg oder Kaufprämien für E-Autos befördert wird. Sorgearbeit und damit einhergehende kürzere und komplexere Wegeketten, für die vor allem Frauen häufiger das Fahrrad, den ÖPNV oder Fußwege nutzen, gelten demgegenüber als abweichende Art der Fortbewegung, die deshalb vernachlässigt wird. Ein Neudenken von Mobilität kann Geschlechtergerechtigkeit und ökologische Nachhaltigkeit verknüpfen.

Gleichstellung in Klimaschutz- und Klimaanpassungsmaßnahmen

Deutschland hat sich unter anderem durch die Ratifizierung des Pariser Klimaabkommens und der Agenda 2030 internationalen Klimaschutz- und Nachhaltigkeitsbestrebungen angeschlossen. Diese Vereinbarungen werden auf nationaler Ebene beispielsweise durch das Klimaschutz- und Klimaanpassungsgesetz, das Klimaschutzprogramm und die Deutsche Nachhaltigkeitsstrategie (DNS) umgesetzt. Aus der in Artikel 3 Absatz 2 und 3 Grundgesetz verankerten Gleichberechtigung der Geschlechter folgt, dass diese Vorhaben gleichstellungsorientiert zu gestalten sind. Gleichberechtigung bedeutet dabei nicht nur formale Gleichbehandlung, sondern erstreckt sich im Sinne substantieller Gleichberechtigung auf die gesellschaftliche Realität. Der Staat muss daher nicht nur unmittelbare und mittelbare Diskriminierungen vermeiden, sondern auch auf die Beseitigung bestehender Nachteile hinwirken. Bislang finden diese Anforderungen wenig Berücksichtigung in aktuellen Strategien und Politiken.

Das Klimaschutzprogramm beispielsweise konzentriert sich bei den durch die Transformation zu erwartenden erheblichen Veränderungen des Arbeitsmarktes vor allem auf energieintensive und technische Bereiche und damit auf männerdominierte Branchen. Weitergehende Strukturveränderungen mit Auswirkungen auf frauendominierte soziale, Bildungs- und Gesundheitsdienstleistungen werden vernachlässigt, obwohl abzusehen ist, dass der Klimawandel das ohnehin überlastete Gesundheitssystem weiter strapazieren wird. Die finanzielle Förderung von Anpassungsmaßnahmen kommt bislang vor allem einkommensstärkeren Haushalten zugute. Damit werden Frauenhaushalte mit geringerem Einkommen, Renten und Rücklagen benachteiligt. Zudem genügt es nicht, die sozialen Auswirkungen der Energiewende auf vulnerable Haushalte in Deutschland zu betrachten. Vielmehr sind auch die geschlechterbezogenen und ökologischen Auswirkungen des für die deutsche Energiewende notwendigen Rohstoffabbaus im Globalen Süden einzubeziehen. (3)

Die weiterentwickelte DNS thematisiert Geschlechtergleichstellung zwar als Quer-
schnittsthema. „Um geschlechtsbezogenen Ungleichgewichten entgegenzuwirken"
– so die Diskussionsgrundlage für den öffentlichen Nachhaltigkeitsdialog zur DNS
– „sollte [...] bei der Entwicklung und Umsetzung von Maßnahmen eine gendersen-
sible Perspektive eingenommen [...] werden". (4) Substantive Gleichberechtigung
verlangt jedoch einen gender-transformativen Ansatz, der strukturelle Geschlechter-
ungleichheiten adressiert. Dazu gehört unter anderem die grundlegende Auseinandersetzung mit Normen und Werten, die männliche Perspektiven und Interessen in
den Vordergrund stellen (Androzentrismus) und in die Politikgestaltung einfließen
lassen. Das bedeutet beispielsweise, den Fokus auf grüne Technologien wie E-Mobi-
lität und LNG zu legen sowie deren technologische Rationalitäten und Effizienzstei-
gerungen als Hauptlösungsansatz zur Reduzierung von Treibhausgasemissionen
zu hinterfragen. Technologiebasierte Ansätze verfolgen vor allem marktorientierte
Ziele, statt sich aus einer Suffizienzperspektive heraus an grundlegenden Bedarfen
von Menschen und Natur zu orientieren.

> **„ Unterschiede resultieren auch aus
> sozialer Ungleichheit, etwa im Hinblick
> auf Einkommen und Vermögen,
> Alter oder Migrationsgeschichte. "**

In vielen Politikbereichen, die für die sozial-ökologische Transformation Deutschlands besonders wichtig sind (Kreislaufwirtschaft, Finanzen, Digitalisierung und
Innovation), fehlen gleichstellungsorientierte Bezüge ganz. Ausnahmen sind die
Entwicklungs- und Außenpolitik, die etwa konkrete Ziele für die gleichstellungsorientierte Verwendung von Fördergeldern vorsehen. Die „feministische Entwicklungs-
politik" des Bundesministeriums für wirtschaftliche Zusammenarbeit und Entwicklung gibt vor, „diskriminierende Machtstrukturen zu überwinden. Dabei [sollen]

Frauen und marginalisierte Gruppen in all ihrer Diversität [...] gleichberechtigt von Klimaschutzmaßnahmen profitieren und Klimapolitik aktiv mitgestalten können." (5) Andere Ressorts könnten diesen Ansatz als Orientierung nutzen, um Gleichstellung in Klima- und Nachhaltigkeitsbestrebungen zu integrieren.

Fortschritte bei der Geschlechtergleichstellung in der sozial-ökologischen Transformation lassen sich letztlich nur über ein umfassendes Verständnis von Nachhaltigkeit erreichen, das die Wechselwirkungen wirtschaftlicher, sozialer und ökologischer Anforderungen berücksichtigt und androzentrische Logiken, Produktions- und Konsummuster konsequent hinterfragt.

Eine gleichstellungsorientierte Gestaltung der Transformation

Die sozial-ökologische Transformation erfordert einen grundlegenden Wandel von Wirtschafts- und Lebensweisen. Transformationsprozesse sind dabei immer auch Gelegenheitsfenster, herrschende Geschlechterverhältnisse zu hinterfragen und Machtverhältnisse neu zu verhandeln. Inwieweit die Gleichstellung der Geschlechter im Zuge des Klimawandels zu- oder abnimmt, hängt entscheidend von den Rahmenbedingungen und der Gestaltung dieser Transformation ab.

Der aktuelle Vierte Gleichstellungsbericht der Bundesregierung zum Thema Gleichstellung in der sozial-ökologischen Transformation ist deshalb von besonderer Bedeutung. Die Sachverständigenkommission soll Handlungsbedarfe aufzeigen und Empfehlungen formulieren. Das Gutachten der Sachverständigenkommission wird dem Bundestag und dem Bundesrat zusammen mit einer Stellungnahme der Bundesregierung zugeleitet und so hoffentlich zu einer gleichstellungsorientierten Gestaltung der sozial-ökologischen Transformation beitragen. ▬▬

Quellen

(1) https://de.geneanet.org/

(2) https://eige.europa.eu/publications-resources/publications/gender-equality-index-2023-towards-green-transition-transport-and-energy?language_content_entity=en

(2) www.klimaseniorinnen.ch/warum-wir-klagen/

(3) www.bundesstiftung-gleichstellung.de/gleichstellungsberichte/news/entwurf-des-klimaschutzprogramms-2023-stellungnahme-der-sachverstaendigenkommission-zum-vierten-gleichstellungsbericht-der-bundesregierung/

(4) www.bundesregierung.de/resource/blob/975274/2289440/d601791c924f24175a2c4f-479425c284/2024-05-30-dialogfassung-der-deutschen-nachhaligkeitsstrategie-data.pdf?download=1

(5) www.bmz.de/de/themen/feministische-entwicklungspolitik

Welche Superheld*innen der Klimagerechtigkeit würden Sie gerne verkörpern?

a) Femme Fiscale, weil sie für feministische Perspektiven in der Finanzpolitik kämpft.

b) Rafiki, ich höre dich: „Alles, was du siehst, existiert in einem empfindlichen Gleichgewicht."

c) Herkules, denn Klimagerechtigkeit ist eine Herkulesaufgabe!

Zu den Autor*innen

a) Ulrike Spangenberg ist Juristin mit Schwerpunkten im Gleichstellungs- und Antidiskriminierungsrecht. Sie leitet den Bereich Gleichstellungsberichte und die Geschäftsstelle für den Vierten Gleichstellungsbericht in der Bundesstiftung Gleichstellung in Berlin.

b) Marai El Fassi ist wiss. Mitarbeiterin in der Geschäftsstelle für den Vierten Gleichstellungsbericht der Bundesregierung. Sie unterstützt die Sachverständigenkommission zu Themen globaler Klimagerechtigkeit und Möglichkeiten einer gerechten, suffizienteren Energiewende.

c) Lukas Zielinski ist wiss. Mitarbeiter im Bereich Wissen, Beratung, Innovation der Bundesstiftung Gleichstellung. Dort beschäftigt er sich u. a. mit Gleichstellungsindikatoren und -statistik und dem Transfer von Gleichstellungswissen in die politische Praxis.

Kontakt

Dr. Ulrike Spangenberg
Marai El Fassi
Lukas Zielinski
Bundesstiftung Gleichstellung
E-Mails
spangenberg@bundesstiftung-gleichstellung.de
el.fassi@bundesstiftung-gleichstellung.de
zielinski@bundesstiftung-gleichstellung.de

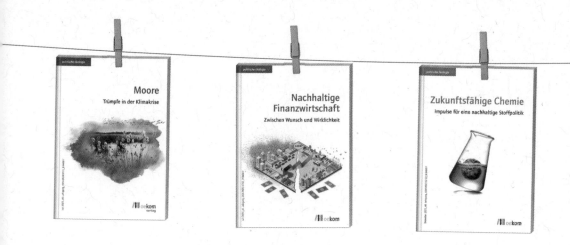

politische ökologie

Die Reihe für alle, die weiterdenken.

Immer am Puls der Zeit, meistens ihr voraus

- Seit über 35 Jahren unorthodoxe Lösungen für soziale und ökologische Herausforderungen.

- Themen von A wie Abfall bis Z wie Zeitwohlstand.

- Bewegt sich jenseits ausgetretener Denkpfade.

- Mit Leidenschaft, Sachverstand und Hartnäckigkeit für den Brückenschlag zwischen Theorie und Praxis.

- Die hochwertig gestalteten Schwerpunktbände behalten noch Jahre nach Erscheinen ihre Gültigkeit.

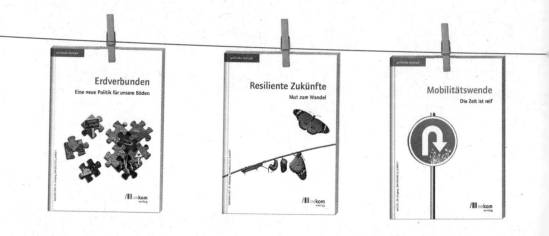

Plastikpoker
Spielregeln für die
Entplastifizierung der Welt

Meeresschutz
Von der Rettung des blauen Planeten

Smartopia
Geht Digitalisierung auch nachhaltig?

Jede Ausgabe enthält:

- ein umfangreich diskutiertes Schwerpunktthema.

- »Projekte und Konzepte«, die zeigen, wer sich
  bei diesem Thema schon auf den Weg gemacht hat.

- schwerpunktunabhängige Artikel zu aktuellen
  umweltpolitischen Debatten.

Mehr Infos unter: **www.politische-oekologie.de**

Grüntöne
Die Medien und die Große Transformation

Naturbasierte Lösungen
Gamechanger für die
Klima- und Biodiversitätskrise?

Biodiversität und Ernährungssicherheit

Ohne Vielfalt keine Verteilungsgerechtigkeit

Angesichts zunehmender Extremwetterereignisse, die weltweit zu erheblichen Ernteverlusten führen, erweist sich die Bewahrung biologischer Vielfalt als entscheidender Faktor für die Resilienz landwirtschaftlicher Systeme. Ohne eine gerechtere Verteilung von Lebensmitteln wird es aber auch nicht gehen.

Von Selina Tenzer

▬▬▬▬Die größte Herausforderung für die Landwirtschaft in Zeiten des Klimawandels ist nicht die Anpassung an höhere Temperaturen, sondern an häufiger und intensivere Extremwetterereignisse, wie Dürren, Überschwemmungen, Hagel und Frostnächte. Während im letzten Jahrhundert manche Bauernregeln noch Orientierung für höhere Erträge im Ackerbau lieferten, könnten die neuen Regeln heute eher so lauten: Steigt das Klima Jahr für Jahr, wird die Ernte ungewiss und rar. Aktuelle Berechnungen und Modelle weisen darauf hin, dass der Klimawandel bis zum Jahr 2100 zu einem Rückgang der weltweiten landwirtschaftlichen Erträge um bis zu 25 Prozent führen könnte. (1) Dies hat unmittelbare Auswirkungen auf die Verfügbarkeit von Lebensmitteln, insbesondere für Länder des Globalen Südens, die bereits anfälliger für Ernährungskrisen sind. Doch nicht nur in Ländern, die gefühlt weit weg sind, sondern auch in ertragsstabileren Ländern wie Deutschland wird der Klimawandel immer klarer wahrnehmbar. In Brandenburg, einer Region in Deutschland mit intensiver und großflächiger Landwirtschaft, führen häufigere Dürreperioden zu erheblichen Ernteverlusten. Im Jahr 2018 erlebte Brandenburg eine extreme Dürre, die zu einem erheblichen Rückgang der Getreideproduktion führte. Solche Ereignisse werden durch den Klimawandel häufiger und intensiver, was die landwirtschaftliche Produktion destabilisiert, und die regionale Ernährungssicherheit bedroht. Auch die veränderte Verfügbarkeit von Wasser erhöht zusätzlich die Anfälligkeit der Region für landwirtschaftliche Ertragsverluste.

Landwirtschaftliche Systeme werden instabiler

Die Qualität der Lebensmittel wird ebenfalls durch den Klimawandel beeinträchtigt. Höhere Temperaturen und veränderte Niederschlagsmuster begünstigen das Wachstum von sogenannten Schädlingen und Krankheiten, die die Ernten negativ beeinflussen. Dies hat vor allem starke Auswirkungen innerhalb der konventionellen Landwirtschaft, die durch Monokulturen geprägt ist und nur eine geringe Biodiversität in und auf dem Boden zulässt. In Deutschland hat der Verlust an Biodiversität bereits signifikante Auswirkungen auf die Landwirtschaft. Beispielsweise breiten sich aufgrund der steigenden Temperaturen in Deutschland Insekten wie der Maiswurzelbohrer aus, was zu Ernteverlusten führt. Diese flächige Reduktion der Vielfalt mindert insgesamt die Resilienz der Agrarsysteme gegenüber klimatischen Veränderungen, da die natürlichen Ökosystemfunktionen, die zur Aufrechterhaltung der landwirtschaftlichen Produktion beitragen, geschwächt werden. Davon sind unter anderem die Bestäubung, das Vorhandensein von Nützlingen und die Nährstoffkreisläufe betroffen. Laut einem Bericht des Weltbiodiversitätsrats (IPBES) hat die globale Artenvielfalt seit 1900 um etwa 20 Prozent abgenommen, was auch zu einer erhöhten Instabilität in landwirtschaftlichen Systemen geführt hat. (2)

Andere Länder des Globalen Nordens, die auf intensive Agrarindustrie setzen, stehen vor ähnlichen Herausforderungen. In den USA sind die Auswirkungen des Biodiversitätsverlustes auf die Landwirtschaft ebenfalls erheblich. Der Rückgang der Bestäuberpopulationen in den letzten Jahrzehnten hat die Bestäubungsleistung stark beeinträchtigt und zu Ertragseinbußen bei Nutzpflanzen wie Mandeln, Äpfeln und Blaubeeren geführt. Die reduzierten Bestäuberpopulationen und die einseitige Pflanzenproduktion machen die Agrarsysteme weniger widerstandsfähig gegen klimatische Veränderungen, die Häufigkeit und Intensität von Dürreperioden und Überschwemmungen haben in den USA ebenfalls zugenommen, was zusätzliche Risiken für die landwirtschaftliche Produktion mit sich bringt.

In Indonesien, einem Land im Globalen Süden, das vor allem für den Globalen Norden produziert, ist der Verlust der Biodiversität besonders dramatisch. Die Abholzung von Wäldern zur Schaffung von Palmölplantagen hat zu einem massiven Rückgang der Artenvielfalt geführt. Während der letzten Jahrzehnte holzte Indonesien Millionen Hektar Wald ab, was einen erheblichen Verlust an Lebensräumen und Arten bedeutet. Die Monokulturen der Palmölplantagen sind stark anfällig für Schädlinge und Krankheiten, die durch den Klimawandel noch verstärkt werden. Der Verlust der Biodiversität mindert auch die Fähigkeit lokaler Gemeinschaften, sich an klimatische Veränderungen anzupassen, da traditionelle Anbaumethoden und Nahrungsquellen immer mehr verschwinden.

Die lokalen Auswirkungen des Artensterbens variieren zwar je nach Region, sind aber überall gravierend. Dieser Verlust und die daraus resultierende Instabilität der landwirtschaftlichen Systeme sind global spürbar, erfordern jedoch lokal angepasste Lösungen, um die Resilienz zu erhöhen und die Ernährungssicherheit zu gewährleisten.

Multis verhindern gerechten Zugang zu Lebensmitteln

Die aktuellen Handelsstrukturen verschärfen die genannten Problemlagen massiv, indem sie den gerechten Zugang zu Lebensmitteln verhindern. Der globale Handel mit Agrarprodukten ist stark konzentriert, wobei wenige multinationale Konzerne einen Großteil des Marktes kontrollieren. Diese Konzerne haben erhebliche Marktmacht und können daher Preise und Verfügbarkeit von Lebensmitteln beeinflussen. Ungleichheiten im Zugang zu Lebensmitteln sind die Folge, da kleinere Produzenten und Länder mit geringer Kaufkraft benachteiligt werden. Im Jahr 2018 kontrollierten jeweils vier große Agrarkonzerne etwa 70 Prozent des globalen Marktes für Saatgut und Agrarchemikalien. (3)

Lokale Märkte und traditionelle Handelsstrukturen werden durch diese Konzentration untergraben. In Brandenburg etwa haben kleinere Bauern Schwierigkeiten, mit den Preisen und Bedingungen der großen Agrarkonzerne mitzuhalten, was ihre Existenz und die lokale Lebensmittelproduktion bedrohen. Diese Dynamik führt zu einer verstärkten Abhängigkeit von importierten Agrarprodukten, die nicht nur teurer sein können, sondern auch die lokale Landwirtschaft und Ernährungssicherheit schwächen. Deutschland kann beispielsweise in den Produktgruppen Obst und Gemüse den Eigenbedarf nicht decken. Bei Gemüse lag der Selbstversorgungsgrad im Jahr 2021/22 bei 38 Prozent und bei Obst nur bei 20 Prozent. (4)

Vielfältig und lokal verankerte Lösungsansätze

Diese vielfältigen Herausforderungen, die sich alle gegenseitig bedingen, brauchen vielfältige Lösungen. Dazu gehören grundlegend die Förderung resilienter und zukunftsfähiger Landwirtschaftspraktiken, die lokale Anpassung der Anbausysteme an die neuen klimatischen Bedingungen und die Stärkung regionaler Gruppen und ihrer Märkte.

Lokale politische Lösungskonzepte und Gemeinschaftsinitiativen zur gerechten Gestaltung des Zugangs zu Lebensmitteln, zur Verbesserung der Ernährungssicherheit und zum Schutz der Artenvielfalt gewinnen zunehmend an Bedeutung. Diese Initiativen basieren häufig auf lokaler Finanzierung und Umsetzung, wobei ihre Prinzipien auf andere Regionen übertragbar und skalierbar sind. Beispiele dafür sind im Bereich Zugang zu Lebensmitteln die Konzepte der solidarischen Landwirtschaft (SoLawi) und Regionalwert-Aktiengesellschaften, im Bereich Ernährungssicherheit und Klima- und Artenschutz die Anlage von Waldgärten und Agroforstsystemen im Globalen Norden, oder die großflächige Umstellung auf unabhängige ökologische Landwirtschaft, wie Natural Farming in Andhra Pradesh, Indien.

Gerade im Globalen Norden, wo die raumgreifenden Strukturen der Agrarindustrie auf einseitige Futtermittelproduktion für Nutztiere ausgelegt sind, braucht es Handelsstrukturen und Konzepte, die energie- und kostensparend die Bevölkerung vor Ort ernähren können, und die natürlichen Lebensgrundlagen erhalten. Solidarische Landwirtschaft ist ein solches Konzept, bei dem Landwirt*innen und Verbraucher*innen ein Bündnis eingehen, um die landwirtschaftliche Produktion lokal oder regional zu unterstützen. In Deutschland gibt es schon über 200 SoLawi-Initiativen, und jährlich entstehen neue. Die Mitglieder zahlen im Voraus für einen

Anteil der Ernte, was den Landwirt*innen ein gesichertes Einkommen bietet und die Risiken der Landwirtschaft auf die Gemeinschaft verteilt. Dieses Modell fördert nicht nur den Zugang zu frischen, lokal produzierten Lebensmitteln, sondern stärkt auch die Verbindung zwischen Erzeuger*innen und Verbraucher*innen. Außerdem unterstützt es zukunftsfähige Anbaumethoden, die sonst unter den aktuellen Agrarstrukturen nicht bestehen könnten.

Ein weiteres Konzept sind Regionalwert-Aktiengesellschaften, die darauf abzielen, regionale und ökologische Landwirtschaft zu fördern. Die Idee hinter Regionalwert Arbeitsgemeinschaften ist es, eine regionale Wertschöpfungskette aufzubauen und zu stärken, die vom Acker über den Handel bis hin zum Teller reicht. Dies geschieht durch die Finanzierung und Unterstützung von landwirtschaftlichen Betrieben, Lebensmittelverarbeiter*innen, Handel und Gastronomie in einer bestimmten Region. – Solche flexiblen und räumlich angepassten Strukturen ermöglichen es, traditionelle und innovative Anbausysteme zu erproben oder erneut zu etablieren. Waldgärten (Nahrungswälder oder engl. food forests) sind solche traditionellen landwirtschaftlichen Anbausysteme. Sie ahmen die natürlichen Waldökosysteme nach und integrieren eine Vielzahl von Nutzpflanzen, wie Bäume, Sträucher und Kräuter, in verschiedenen Schichten. Diese Systeme bieten eine hohe Vielfalt von Lebensmitteln und unterstützen gleichzeitig die lokale Biodiversität, Bodenfruchtbarkeit, kurbeln den Wasserkreislauf an und schaffen Kohlenstoffsenken in den Gehölzen und im Boden.

Vom Globalen Süden lernen

Solche Anbausysteme sind im Globalen Süden seit Tausenden von Jahren etabliert und sorgen für die grundlegende Versorgung mit Lebensmitteln. In ausgeräumten Landschaften, wie in Brandenburg, müssen die resilienten Systeme erst aufwendig und mit hohem finanziellem Aufwand wieder etabliert werden. Aktuell gibt es eine Handvoll Projekte und Betriebe, wie den Ökohof Waldgarten in Brandenburg oder das WASYS-Projekt zu Waldgartensystemen, das als insektenfördernde Produktionsmethode vom Bundesamt für Naturschutz (BfN) gefördert wird. Den Projekten ist gemein, dass sie Lebensmittelerzeugung, Klima- und Artenschutz sowie Erholungsraum wieder zusammendenken.

„ Der Verlust der Biodiversität mindert auch die Fähigkeit lokaler Gemeinschaften, sich an klimatische Veränderungen anzupassen. "

Im Globalen Süden, wo die lokale Lebensmittelproduktion durch globale Handelsstrukturen und koloniale Machtverhältnisse immer weiter unter Druck geraten ist, keimen wieder vermehrt Lösungsansätze vor Ort auf. Eine erfolgreiche Umsetzung solcher Ansätze kann man in Andhra Pradesh, Indien, sehen. Dort hat das sogenannte Zero Budget Natural Farming (ZBNF) eine große Reichweite erzielt. Diese Methode setzt auf Anbaupraktiken ohne den Einsatz chemischer Düngemittel und Pestizide, was die Bodenfruchtbarkeit und Biodiversität verbessert und Menschen vor Ort unabhängig von Großkonzernen macht. 2020 hatten über 600.000 Landwirt*innen in Andhra Pradesh auf ZBNF umgestellt, was zu einer Reduktion der Produktionskosten und einer Steigerung der Ernteerträge geführt hat. (5) Dieses Modell zeigt, dass nachhaltige landwirtschaftliche Praktiken ökologisch und ökonomisch tragfähig sind.

Da andere Regionen die Möglichkeit zur Nachahmung nutzen, wird deutlich, dass agrarökologische Transformation skalierbar ist. Eine erfolgreiche Skalierung solcher Initiativen und Projekte hängt von verschiedenen Faktoren ab, zum einen der Bereitschaft lokaler Gemeinschaften, neue oder vergessene Praktiken zu etablieren, zum anderen von der Unterstützung durch politische Entscheidungsträger*innen und finanzielle Institutionen. Politische Maßnahmen sollten darauf abzielen, rechtliche Rahmenbedingungen zu schaffen, Gemeinschaftsinitiativen zu fördern, Bildungsangebote zu ermöglichen und finanzielle Anreize zu bieten, um die Umstellung auf eine zukunftsfähige und resiliente Landwirtschaft zu erleichtern.

Denn die einzige Möglichkeit, die wir haben, auf immer unvorhersehbarere Zeiten zu reagieren, ist, uns in alle Richtungen möglichst vielfältig aufzustellen und flexible Handlungsräume zu schaffen. Alle Lebensprozesse auf diesem Planeten zeigen, dass das Einzige von Bestand der Wandel ist. – Lasst uns lernen, damit zu leben. ▬

Quellen

(1) Wing, I. S. et al. (2021): Global vulnerability of crop yields to climate change. In: Journal of Environmental Economics and Management, Vol. 109, 102462.

(2) Brondizio, E. S. / Settele, J. / Díaz, S. / Ngo, H. T. (Hrsg.) IPBES (2019): Global assessment report on biodiversity and ecosystem services of the Intergovernmental Science-Policy Platform on Biodiversity and Ecosystem Services. Bonn, S. 1148.

(3) Mooney, P. (2018): Blocking the chain. Industrial food chain concentration, Big Data platforms, and food sovereignty solutions. ETC Group; GLOCON; INKOTA-netzwerk e.V.

(4) https://de.statista.com/statistik/daten/studie/659012/umfrage/selbstversorgungs-grad-mit-nahrungsmitteln-in-deutschland/#statisticContainer

(5) Rose, S. / Halstead, J. / Griffin, T. (2021): Zero Budget Natural Farming: Evidence, Gaps, and Future Considerations. CREATE Solutions for a Changing World, Nr. 2. Medford,

Welche Superheldin der Klimagerechtigkeit würden Sie gerne verkörpern?
Black Soil Widow! Sie spinnt ein Netz aus essbaren Windschutzhecken und hält so die Böden für alle humos.

Zur Autorin
Selina Tenzer studierte BioGeoWissenschaften im Bachelor sowie Agrarwissenschaften mit dem Schwerpunkt Bodenwissenschaften im Master. Nach ihrem Abschluss war sie drei Jahre wiss. Mitarbeiterin der Uni Hohenheim im Fachgebiet Bodenchemie mit Pedologie. Sie arbeitet derzeit als Bildungsreferentin für Bodenkunde beim Weltacker Berlin e. V. und als agrarwiss. Projektmitarbeiterin im Projekt WASYS.

Kontakt
Selina Tenzer
STATTwerke e. V.
E-Mail tenzer@stattwerke.de

"SYSTEMWANDEL STATT KLIMAWANDEL!"

In einer Zeit, die von multiplen Krisen und wachsenden sozialen Ungleichheiten geprägt ist, wird der Ruf nach Gerechtigkeit lauter. Ansätze, die umwelt- und sozialpolitische Ziele verknüpfen, versprechen mehr Zukunft für alle. – Was zeichnet eine soziale Klimapolitik aus? Sind fiskalpolitische Innovationen der Schlüssel zu mehr Gerechtigkeit? Wie überwindet der Globale Norden seine imperiale Lebensweise?

Soziale Klimapolitik

Leitstern der Transformation

Die Transformation zur Klimaneutralität ist in vollem Gange. Eine konsequente soziale Ausgestaltung hilft, das Tempo des Wandels wieder zu erhöhen und die Akzeptanz in der Bevölkerung zu steigern. Denn damit wird endlich sichtbar, dass die Chancen gerade für Ärmere überwiegen.

Von Astrid Schaffert und Brigitte Knopf

————Im Fokus der bisherigen Klimapolitik in Deutschland standen der Energiesektor und die Industrie. Mit beachtlichen Erfolgen: Die Emissionen wurden verringert, die erneuerbaren Energien lieferten im Jahr 2023 erstmals mehr als die Hälfte des Stroms. Während die Konsequenzen dieser Energiewende für die Beschäftigten der Branche groß waren, spürten die Bürger*innen davon wenig. Der Strom kam nach wie vor aus ihrer Steckdose. Doch nun hat eine neue Phase der Transformation begonnen. Alle Sektoren müssen dazu beitragen, die Treibhausgasemissionen bis 2045 auf null zu senken. Der notwendige Umbau im Gebäude- und Verkehrssektor betrifft die privaten Haushalte direkt, ebenso die Veränderungen in den Bereichen Ernährung, Gesundheit und Soziales. Es geht nicht mehr nur um ein paar Tausend Unternehmen, die dem europäischen Emissionshandel unterliegen, sondern um rund 84 Millionen Menschen und 40 Millionen Haushalte in Deutschland.

Damit rücken Verteilungsfragen und eine sozial gerechte Transformation stärker in den Fokus. Nicht nur die Debatte um das Gebäudeenergiegesetz im Jahr 2023 hat gezeigt: Eine breite Akzeptanz für klimapolitische Maßnahmen gibt es nur, wenn die soziale Dimension und die finanziellen Belastungen der Bürgerinnen und Bürger berücksichtigt werden. Laut einer aktuellen Studie von More in Common befürwortet eine deutliche Mehrheit, Klimaschutz und Gerechtigkeitsfragen zusammenzubringen. (1) Gerade Menschen im unteren Einkommenssegment, die die jüngste Inflation am stärksten zu spüren bekamen, treibt eine Abstiegs- und Zukunftsangst um. Von vielen wird die Politik im Allgemeinen als ungerecht erlebt.

Ungleiche Belastung durch klimapolitische Instrumente

In der Tat weist die bisherige Klimapolitik eine soziale Schieflage auf. Sie besteht im Wesentlichen aus Förderungen und Bepreisungsinstrumenten. Von dem zentralen Förderprogramm im Gebäudesektor, der Bundesförderung für effiziente Gebäude (BEG), haben ungefähr zur Hälfte selbstnutzende Eigentümer*innen profitiert, meist mit überdurchschnittlichem Einkommen und einem hohen Bildungsabschluss. Die andere Hälfte wurde von institutionellen Vermietern abgerufen. Da die Fördergelder von den umlagefähigen Modernisierungskosten abgezogen werden müssen, profitieren indirekt auch die Mietenden von der BEG. Sie müssen jedoch darüber hinaus den Großteil der Sanierungskosten über die Modernisierungsumlage zeitlich unbegrenzt als Mietbestandteil finanzieren, während die Eigentümer*innen vom gestiegenen Immobilienwert profitieren. Auch der Umweltbonus, mit dem der Kauf von Hybrid- und E-Autos bis Dezember 2023 gefördert wurde, kam denen zugute, die sich den Kauf eines Neuwagens leisten können. Im oberen Einkommensquintil ist die Zahl der Neuwagen um den Faktor fünf höher als bei Haushalten im unteren Einkommensquintil. Daher profitieren erstere häufiger von Kaufprämien bei Neuwagen. (2) Ein Großteil der Fördergelder wurden darüber hinaus von Firmen für ihre Firmen- und Dienstwagen abgerufen. Beide Beispiele zeigen, dass Fördergelder bisher zuvorderst Haushalten im oberen Einkommenssegment zugute kamen.

Eine zweite zentrale Säule der Klimapolitik ist die Bepreisung in unterschiedlichen Ausprägungen. Der Ausbau der erneuerbaren Energien wurde bis Mitte 2022 mit der Erneuerbaren-Energien-Umlage (EEG-Umlage) finanziert, ein Aufpreis auf jede verbrauchte Kilowattstunde (kWh). Umlagen wie diese belasten ärmere Haushalte im Verhältnis zu ihrem Einkommen deutlich stärker als reichere, obwohl ihr Stromverbrauch geringer ist. In anderen Worten: Sie haben einen dreifach höheren Anteil ihres Einkommens für die EEG-Umlage ausgegeben als Einkommensstärkere. (3) Die EEG-Umlage wurde Mitte 2022 abgeschafft, die Einspeisevergütung wird seither aus dem Klima- und Transformationsfonds (KTF) finanziert. Regressiv wirkende Bepreisungssysteme gibt es aber weiterhin. Seit 2021 wird der Treibhausgasausstoß in den Bereichen Verkehr und Gebäude im Rahmen des nationalen Brennstoffemissionshandelsgesetzes (BEHG) besteuert. Ab 2027 wird das BEHG in einem zweiten europäischen Emissionshandelssystem (ETS2) aufgehen.

Soziales und Klimaschutz zusammendenken

Die Bundesregierung hat diese Schieflage erkannt und erste Maßnahmen erlassen, die soziale Belange stärker berücksichtigen. Im CO_2-Aufteilungsgesetz wird geregelt, dass der im Wärmebereich anfallende CO_2-Preis abhängig vom energetischen Standard des Gebäudes bezahlt werden muss: je schlechter der energetische Standard, desto höher ist der Anteil, den die Vermietenden zu zahlen haben. Im Rahmen der Heizungsförderung in der BEG wurde erstmals ein Einkommensbonus in Höhe von 30 Prozent für Haushalte mit einem Nettoeinkommen unter 40.000 Euro etabliert. Auch von der kurzzeitigen Einführung des Neun-Euro-Tickets profitierten Ärmere. Unter den Menschen, die den ÖPNV aufgrund des Angebots neu nutzten, waren vor allem Geringverdienende, die sich Mobilität zuvor nicht leisten konnten. (4) Weitere, im Koalitionsvertrag vereinbarte Maßnahmen zur sozialen Flankierung der Transformation, wie etwa das Klimageld, warten noch auf ihre Umsetzung.

Im Rahmen der Transformation gilt es, Soziales und Klimaschutz deutlich stärker zusammenzudenken und systematisch integrierte Politikinstrumente anzuwenden, die beides befördern. Denn nur dann gelingt es, die Kosten und Belastungen gerecht zu verteilen, zum Beispiel analog zur Verursachung oder zur Leistungsfähigkeit. Die Transformation zur Klimaneutralität bietet zudem auch enorme Chancen und Vorteile, von denen alle Bevölkerungsgruppen profitieren sollten. Eine erfolgreiche Klimasozialpolitik kann beispielsweise dazu beitragen, Energie- oder Mobilitätsarmut zu verringern und die Gesundheit, gerade auch von einkommensärmeren und vulnerablen Gruppen, zu verbessern. Aus sozialer Perspektive ist es darüber hinaus essenziell, dass es allen Menschen ermöglicht wird, ein klimaneutrales Leben führen zu können, um nicht in einem CO_2-verbundenen Lebensstil zu verharren (fossiler Lock-in). Umgekehrt gilt, dass vor allem diejenigen ihren Ausstoß senken müssen, die hohe Emissionen verursachen: Vermögende und Einkommensstarke. Denn je reicher, desto größer ist der CO_2-Fußabdruck, insbesonderen in den Bereichen (Freizeit-)Mobilität, Wohnen und Finanzanlagen.

Daher ist aus sozialer Perspektive die Strategie der Ermöglichung, Entlastung und Anforderung zu forcieren, die aus vier Säulen besteht (vgl. Abb.1). Die Basis einer erfolgreichen Transformation ist eine gute öffentliche und soziale Infrastruktur. Erst wenn eine frequentierte Bushaltestelle in fußläufiger Entfernung liegt oder sichere Fuß- und Radwege ausgebaut sind, besteht eine fossilarme Mobilitätsalternative. Regenerativ betriebene Wärmenetze ermöglichen den Umstieg auf eine erneuerbare Heizung auch in dichter Bebauung und Gemeinschaftsräume führen dazu, dass die eigene Wohnung kleiner ausfallen kann. Auch die wohnortnahe Versorgung mit medizinischem Personal oder Einkaufsmöglichkeiten für den täglichen Bedarf tragen zur Verkehrsminderung bei.

1 Vier Säulen der Ermöglichung und Entlastung

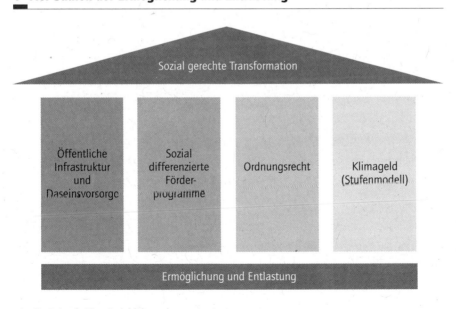

Sozial gerechte Transformation

| Öffentliche Infrastruktur und Daseinsvorsorge | Sozial differenzierte Förderprogramme | Ordnungsrecht | Klimageld (Stufenmodell) |

Ermöglichung und Entlastung

_Quelle: Zukunft KlimaSozial (5)

> **„ Es gilt Förderinstrumente zu entwickeln, die unteren und mittleren Einkommen einen schnellen Umstieg auf einen CO_2-freien Lebensstil ermöglichen. "**

Mit der zweiten Säule werden Haushalte spezifischer finanziell und organisatorisch in der Transformation unterstützt. Die bisherigen Förderprogramme gewährten entweder prozentuale Anteile der anfallenden Kosten oder pauschale Zuschüsse. Davon profitieren nur Haushalte, die den Großteil der Investition aus eigenem Einkommen oder Vermögen finanzieren können. Nunmehr gilt es Förderinstrumente zu entwickeln, die unteren und mittleren Einkommen einen schnellen Umstieg auf einen CO_2-freien Lebensstil ermöglichen. Dies kann in Form von höheren Zuschüssen für Haushalte mit geringeren Einkommen erfolgen, einkommensabhängigen Leasingmodellen (Social Leasing von E-Autos in Frankreich) oder Unterstützungsmaßnahmen, die an Vulnerabilität (Abhängigkeit von fossilen Energien) gekoppelt sind. Unterstützung sollte sich nicht nur auf finanzielle Zuwendungen beziehen, sondern darüber hinaus auf Hilfe bei der Beantragung der Fördermittel oder der Planung der Maßnahme.

Doch Infrastruktur und Fördermittel sind nicht ausreichend. Gerade wenn Alternativen schon vorhanden sind, sich Konsummuster grundlegend ändern müssen oder größere Investitionen getätigt werden müssen, braucht es auch die Ge- und Verbote des Ordnungsrechts. Im Gebäudebereich beispielsweise erschwert das Mieter-Vermieter-Dilemma die Dekarbonisierung: Mietende müssen die Kosten der Energie tragen, die aus ungedämmten Fenstern entweicht, entscheiden aber weder über den Sanierungszeitpunkt noch über die Sanierungstiefe. Vermietende auf der anderen Seite müssen investieren und profitieren nicht direkt von den gesparten Energiekosten. Die Armortisation des investierten Kapitals erstreckt sich über einen längeren Zeitraum. Die Modernisierungsumlage, der gestiegene Immobilienwert sowie der eigene Beitrag zur Erhaltung einer lebenswerten Umwelt reichen als Anzreizstrukturen offensichtlich nicht aus, um die Klimaziele zu erreichen. Daher sind ordnungsrechtliche Vorgaben (in Kombination mit Fördergeldern) nötig.

Ordnungsrechtliche Regelungen gelten für alle, unabhängig vom Einkommen und Vermögen, und ermöglichen Planungssicherheit, um langfristig sinnvolle Investitionsentscheidungen treffen zu können. In vielen Politikbereichen wie zum Beispiel im Verkehr ist Ordnungsrecht ein etabliertes und akzeptiertes Instrument. In der Klimapolitik erfährt es oftmals Gegenwehr, da tatsächlich oder vermeintlich in individuelle Lebensstile eingegriffen wird. In den „Klimabürgerräten" erhält das Ordnungsrecht allerdings eine hohe Akzeptanz, höher als Bepreisungsinstrumente. (6)

Klimageld muss kommen

Als vierte Säule braucht es eine direkte Absicherung und Kompensation bei hohen CO_2-Preisen. Diese dürften mit der Einführung des zweiten Emissionshandels für Gebäude und Verkehr auf europäischer Ebene (ETS2) weiter steigen. (7) Das Klimageld ist dafür ein geeignetes Mittel. Im Kern sichert es die Rückerstattung der kompletten Einnahmen aus der CO_2-Bepreisung im BEHG und ETS2 an die Verbraucher*innen. Da untere Einkommen einen kleineren CO_2-Fußabdruck haben, würden sie trotz der im Vergleich zum Einkommen höheren Belastung durch den CO_2-Preis über die Rückerstattung unterm Strich entlastet. (8) Da sich die Herausforderungen der Transformation im Laufe der Zeit verändern, wird sich auch die Rolle des Klimageldes anpassen müssen. In drei Stufen kann es sich von einer Pro-Kopf-Auszahlung zu einem Härtefallgeld für Vulnerable wandeln. Sobald Einkommensstärkere die Dekarbonisierung im Gebäude- und Verkehrsbereich vollzogen haben, Haushalte mit geringem Einkommen jedoch noch in ungedämmten Wohnungen leben, würde ein Pro-Kopf-Klimageld seine progressive Verteilungswirkung verlieren und das Gegenteil bewirken.

Eine konsequente soziale Ausgestaltung hilft, sich dem nötigen Tempo weiter anzunähern und die Akzeptanz in der Bevölkerung wieder zu stärken. Damit rücken zudem die Chancen in den Vordergrund: Eine zukunftsgerichtete und für alle nutzbare Infrastruktur, die Überwindung spezifischer Armutslagen, mehr Gesundheit, mehr Wohnkomfort, mehr Teilhabe und damit mehr Wohlergehen für alle. ▬

Anmerkung
Wir danken Dr. Ines Verspohl und Marie-Louise Zeller für die wertvolle Mitarbeit an diesem Text.

Quellen

(1) www.moreincommon.de/media/3zblrdql/more_in_common_studie_preiskrise_zusammen-halt.pdf
(2) www.agoraverkehrswende.de/fileadmin/user_upload/99_Faktenblatt-Mobilitaetskosten.pdf
(3) Schumacher, K. / Cludius, J. (2020): Strategien und Maßnahmen zur Bekämpfung der Energiearmut in Deutschland.
(4) https://bibliothek.wzb.eu/pdf/2023/iii23-604.pdf
(5) https://zukunft-klimasozial.de/wp-content/uploads/2024/06/Zukunft-KlimaSozi-al_11-Thesen-fuer-eine-Klimasozialpolitik.pdf
(6) Lage, J. / Thema, J. et al. (2024): Citizens call for sufficiency and regulation – A comparison of European citizen assemblies and National Energy and Climate Plans. In: Energy Research & Social Science (ERSS), Oktober 2024 (104).
(7) Die Bandbreite der Abschätzungen reicht dabei von 60 bis 380 Euro pro Tonne CO_2 in 2030. Vgl. https://library.fes.de/pdf-files/a-p-b/21122.pdf.
(8) www.mcc-berlin.net/fileadmin/data/C18_MCC_Publications/2021_MCC_Klimaschutz_mit_mehr_Gerechtigkeit.pdf

Welche Superheldinnen der Klimagerechtigkeit würden Sie gerne verkörpern?

a) Bei mir ist es die Elefantenherde, die mit Ruhe und Beständigkeit gemeinsam schlaue und klimasoziale Lösungen entwickelt.
b) Superheld*innen sind die 177 Menschen, die 2022 ihr Engagement mit dem Leben bezahlen mussten. Verkörpern möchte ich sie nicht.

Zu den Autorinnen

a) Astrid Schaffert ist Sozialwirtin. Sie arbeitet als Referentin bei Zukunft KlimaSozial mit den Arbeitsschwerpunkten: Gebäude- und Energiepolitik, sozial gestaffelte Förderpolitik, Transformation des Sozial- und Gesundheitswesens. Zuvor baute sie als Leiterin den Bereich „Sozial gerechte Klimapolitik" beim Deutschen Caritasverband auf.
b) Brigitte Knopf ist Physikerin. Sie ist Gründerin und Direktorin von Zukunft KlimaSozial. Seit 2020 ist sie Mitglied und stellvertr. Vorsitzende des von der Bundesregierung berufenen Expertenrats für Klimafragen. Von 2015 bis Ende 2023 war sie Generalsekretärin am Mercator Research Institute on Global Commons and Climate Change.

Kontakt

Astrid Schaffert, Dr. Brigitte Knopf
Zukunft KlimaSozial – Institut für
Klimasozialpolitik
E-Mail schaffert@zukunft-klimasozial.de,
knopf@zukunft-klimasozial.de

Fiskalpolitische Gerechtigkeit in der Transformation

Löst die Bremsen!

Die sozial-ökologische Transformation braucht finanzpolitischen Spielraum. Überkommene neoliberale Denkmuster und Regeln wie die Schuldenbremse gehören daher auf den Prüfstand. Das Dogma der schwarzen Null darf nicht länger notwendige Zukunftsinvestitionen blockieren.

Von Giulia Mennillo und Bastian Rötzer

▬▬▬▬Die sozial-ökologische Transformation verlangt dem Staat massive Investitionen in Mobilitäts- und Energieinfrastruktur ab. Die Kreditanstalt für Wiederaufbau beziffert den Investitionsbedarf der deutschen Wirtschaft hin zu vollständiger Klimaneutralität auf fünf Billionen Euro. (1) Wenngleich dies eine Schätzung der Gesamtsumme darstellt, die von staatlicher und privater Seite zu stemmen ist, verdeutlicht sie die enorme Größenordnung der zu erbringenden Investitionen. Laut der Studie des arbeitgebernahen Instituts der deutschen Wirtschaft und des gewerkschaftsnahen Instituts für Makroökonomie und Konjunkturforschung muss die öffentliche Hand bis 2034 zusätzliche 600 Milliarden Euro investieren, um die öffentliche Infrastruktur zu erneuern und den Weg in eine klimaneutrale Zukunft zu ebnen. Allein für Klimaschutz und Klimaanpassung fallen dabei 213 Milliarden Euro an. (2)

Angesichts dieser Anforderungen fürchten insbesondere Wirtschaftsliberale, dass die sozial-ökologische Transformation in Konkurrenz zur finanziellen Nachhaltigkeit tritt. Sie betrachten die finanzielle Ressourcenbegrenzung als konstitutiv für einen nachhaltigen Staatshaushalt. Unumstritten ist, dass ein Staat der Transformation nur mittels einer soliden, zukunftsfesten und langfristig gedachten Finanzpolitik begegnen kann. Glaubt man einem erheblichen Teil der politischen Akteure in Deutschland, hat die Ausgeglichenheit öffentlicher Haushalte oberste Priorität. Unter dem vielzitierten Schlagwort „schwarze Null" wird eine so simple wie bestechende Logik beschworen: Der Staat kann nicht ohne negative Folgen über seine Verhältnisse leben, er kann nicht dauerhaft mehr ausgeben, als er einnimmt. Die (moralische) Vernünftigkeit der schwarzen Null scheint auf der Hand zu liegen.

Ein wiederkehrendes Motiv in dieser Argumentation lautet: Was für einen privaten Haushalt vernünftig ist, sei auch für den öffentlichen Haushalt richtig. „Man hätte einfach die schwäbische Hausfrau fragen sollen", begründete Angela Merkel 2008 den Sparkurs der damaligen Großen Koalition und machte so die Metapher der besonnenen Haushälterin zum Synonym für fiskalpolitische Vernunft. Das dahinterliegende Weltbild besagt, dass öffentliche und private Haushalte nach denselben Prinzipien funktionieren, Verschuldung ist für beide gleichermaßen schlecht.

Die These des britischen Ökonomen John Maynard Keynes, der Staatshaushalt lasse sich gerade nicht mit dem Privathaushalt vergleichen, konnte sich in der deutschen Öffentlichkeit nicht etablieren. Illustrieren lässt sich die keynesianische These mit dem Sparparadox: Spart ein einzelner Privathaushalt, statt seine Mittel zu verkonsumieren, ist er danach reicher. Sparen aber alle Haushalte gleichzeitig, sind danach alle ärmer. Während öffentliches Sparen die Ökonomie ärmer machen kann, kann Schuldenaufnahme den Wohlstand erhöhen. Entscheidend ist dabei, dass der Staat nicht konsumiert, sondern sinnvoll investiert. Nutzt der Staat Fremdkapital zum Bau von Energieinfrastruktur, zur Förderung von zukunftsträchtigen Bildungsprogrammen oder Schlüsseltechnologien, so verbessert er die Standortbedingungen. Ökonomie und Gesellschaft werden zukunftsfähig.

Den zukünftigen Generationen zuliebe?

Im Sinne einer intergenerationalen Klimagerechtigkeit gilt es den Begriff der „finanzpolitischen Vernunft" neu zu besetzen. Nachhaltigkeit heißt nicht zwingend, auf Kreditaufnahme zu verzichten und dadurch die oft beschworenen zukünftigen Generationen, die in der Gegenwart keine Stimme haben, nicht zu belasten. Wahrlich nachhaltig ist es, zukünftige Bedarfe zu berücksichtigen und in der Gegenwart entsprechend zu handeln. Geschieht dies nicht und werden etwa dem

Prinzip Schuldenbremse zuliebe notwendige Zukunftsinvestitionen in Infrastruktur, Bildung und Forschung nicht getätigt, wird die zukünftige Gesellschaft mit Aufgaben und Investitionsbedarfen allein gelassen. Investitionen im Wissen um ihre Notwendigkeit in der Gegenwart zu unterlassen, bedeutet auch, sie dann tätigen zu müssen, wenn negative Folgen des Ausbleibens von Investitionen dieselben längst verteuert haben. Die Opportunitätskosten von Austeritätspolitik bestehen nicht nur aus verschenkten Chancen kurzfristiger Konjunkturförderung, sondern auch aus der Unaufholbarkeit ökonomischer Wachstumspotenziale und globaler Konkurrenzfähigkeit – und damit auch Steuereinnahmen. Keynesianisch orientierte Ökonom*innen warnen seit Langem, die aktive Zukunftsvorsorge nicht unter die Räder kommen zu lassen, indem notwendige Zukunftsinvestitionen der schwarzen Null zuliebe verschleppt werden. Im Zuge der sozial-ökologischen Transformation kann es notwendig sein, jetzt Investitionen per Kredit zu finanzieren, dessen Zinsbelastungen wiederum durch die resultierenden Wohlstandsgewinne in der Zukunft ausgeglichen werden können. Die Interessen zukünftiger Generationen sind also nicht so eindimensional, wie Vertreter*innen von Austeritätspolitik häufig behaupten. Die Bezugnahme auf „die zukünftigen Generationen" ist vielmehr als politische Technik zu verstehen, bei der diese – entgegen jeder Evidenz – als homogen imaginierte Interessengruppe als eine Projektionsfläche für politische Zwecke dienen. (3)

Entpolitisierende Moralisierung von Finanzpolitik

Dabei haben die sparsamen »Anwälte« zukünftiger Generationen plausible Argumente. Ein geringerer Schuldenstand bedeutet höhere Bonität, niedrigere Zinsaufwendungen und größerer fiskalpolitischer Spielraum in der Zukunft. Damit konzentrieren sie sich jedoch ausschließlich auf die Sonnenseiten ausgeglichener Haushalte und verschleiern, dass die Frage nach Überschüssen oder Defiziten eine Abwägungssache ist. Fiskalpolitik ist eben eines: politisch. Die schwarze Null ist nicht bloß ökonomische Kennziffer, erst recht kein objektives und neutrales Produkt rationaler Berechnung, sondern politisches Symbol. Diskursbeiträge, die die schwarze Null als reines Vernunftprodukt denken, entpolitisieren einen Teil der Fiskalpolitik und laden sie indirekt moralisch auf. Apologet*innen von schwarzer

Null und Schuldenbremse können sich der seit Jahrhunderten kulturell verwurzelten Idee bedienen, Schuldner*innen seien Gestalten von zweifelhaftem Charakter – wer könne da wollen, dass der Staat als Repräsentant des Gemeinwesens zum Schuldner wird? Die Ironie dabei ist, dass oft die Befürworter*innen von schwarzer Null und Schuldbremse genau diejenigen sind, die dem Staat vorwerfen, in der vergangenen Nullzinsphase Investitionsbedarfe ignoriert zu haben. Keine schwarze Null, sondern Defizite von etwa zwei Prozent des Bruttoinlandsprodukts (BIP) wären durchaus sinnvoll gewesen für notwendige Infrastrukturinvestitionen. Diese Chance wurde verspielt.

Schuldenbremse bremst die Transformation

Die scheinbar alternativlose finanzpolitische »Vernunft« entpuppt sich in zweierlei Hinsicht als Transformationsbremse. Zum einen täuscht sie eine exogene finanzielle Ressourcenbeschränkung vor. Zum anderen lenkt sie den Blick ausschließlich auf die Schattenseiten expansiver Fiskalpolitik und schürt Angst vor Defiziten und »Schuldenbergen«. Damit verhindert sie eine differenzierte und positive Betrachtung haushaltspolitischer Optionen. Diese Problematik lässt sich im Kontext eines größeren Angstdiskurses über Transformationsanstrengungen verorten. Eine progressivere Diskussionskultur um fiskalpolitische Fragen hat das Potenzial, dem Status-quo-Angstdiskurs etwas entgegenzusetzen. Es muss sich über gemeinsame Gestaltungsmöglichkeiten bewusst gemacht werden, statt in einem Diskurs angeblich alternativloser Rationalität politischen Spielraum aufzugeben. Statt zu verharren und Wandel als externe Kraft über sich hereinbrechen zu lassen – und ihn dann höchstens noch zu verwalten –, sollten politisch Verantwortliche zur Tat schreiten. Zukunft ist immer mit Ungewissheiten behaftet, sodass auch die Beharrung stets politisch legitim bleibt. Es ist allerdings Reflexion darüber nötig, wo tatsächlich exogene Rahmenbedingungen existieren und wo man sich lediglich mittels entmündigender Dogmen selbst vermeintliche Restriktionen auferlegt.

Die Forderung nach Reform der Schuldenbremse ist längst keine wirtschaftspolitische Randposition mehr. Viele Ökonom*innen sprechen sich inzwischen dafür aus; darunter der Sachverständigenrat zur Begutachtung der gesamtwirtschaftlichen Entwicklung, die führenden Wirtschaftsforschungsinstitute sowie internationale

Organisationen wie der Internationale Währungsfonds (IWF) oder die Organisation für wirtschaftliche Zusammenarbeit und Entwicklung OECD. (4) Über das „Ob" herrscht weitestgehend Konsens, nur über das „Wie" gehen die Meinungen noch auseinander.

Beharrende Kräfte mit großer Wirkung

Allerdings sind die Beharrungskräfte, die in Politik, Wissenschaft und Gesellschaft den Reformbemühungen entgegenwirken, sehr wirkmächtig. Allzu oft lässt die hohe Steuer- und Abgabenlast in der Bundesrepublik zum Argument verführen, die Schuldenbremse wäre im gesamtgesellschaftlichen Interesse. Fiskalpolitische Defizit- und Schuldenregeln sind wichtig für die Stabilität und Solidität des Landes. Wenn jedoch deren Einhaltung zum Selbstzweck verkommt und dabei notwendige Investitionen verhindert werden, haben wir weder ein Einnahme- noch Ausgaben-, sondern ein existenzielles Standortproblem. Weder hohe Einnahmen noch hohe Ausgaben sind aussagekräftig über die Qualität der Wirtschaftspolitik. Es wäre im Sinne einer Entideologisierung der Debatte, wenn – ähnlich wie in anderen Ländern – eine Vielzahl an unabhängigen Institutionen Qualitätsprüfungen vornehmen, inwiefern staatliche Gelder sinnvoll für die Transformation ausgegeben werden. (5) Befürworter*innen der Schuldenbremse in ihrer aktuellen Form weisen darauf hin, dass die empirische Evidenz keinen systematischen Zusammenhang zwischen einer Fiskalregel und der staatlichen Investitionstätigkeit nahelegt. (6) Die Schuldenbremse hat in der Vergangenheit die Politik nicht dazu bewegt, Prioritäten richtig zu setzen. Das Ergebnis ist unter anderem eine vernachlässigte Infrastruktur. Trotz niedriger Zinsen und wirtschaftlichem Aufschwung hatten die konsumtiven öffentliche Ausgaben Vorrang. Die vermeintlich disziplinierende Wirkung der Schuldenbremse ging Hand in Hand mit dem Ignorieren von Investitionsbedarfen im Bereich Dekarbonisierung, Digitalisierung und Bildung. Wenn eine Fiskalregel in guten Zeiten die Investitionen nicht ausreichend ankurbelt und sie im Hier und Jetzt die notwendigen Investitionen verunmöglicht, dann taugt die Regel schlichtweg nicht. Es müssen daher ohne Denkverbote neue Wege diskutiert und gefunden werden, wie Investitionen möglich gemacht werden können, während der Gegenwartskonsum gebremst wird. – Wo ein Wille ist, ist auch ein Weg. ▬

Quellen

(1) www.kfw.de/%C3%9Cber-die-KfW/Newsroom/Aktuelles/News-Details_673408.html
(2) www.iwkoeln.de/studien/simon-gerards-iglesias-michael-huether-investitionsbedarfe-in-der-infrastruktur-und-fuer-die-transformation.html
(3) Möckel, B. (2020): Zukünftige Generationen. Geschichte einer politischen Pathosformel, APuZ, Nr. 52-53, bpb.
(4) www.sachverstaendigenrat-wirtschaft.de/publikationen/policy-briefs/policy-brief-1/2024.html
(5) Sigl-Glöckner, P. (2024): Gutes Geld. Wege zu einer gerechten und nachhaltigen Gesellschaft. Berlin.
(6) Fuest, C. / Potrafke, N. (2024): Ein Plädoyer für die Erhaltung der Schuldenbremse, ifo Schnelldienst, 77, Nr. 02.

a)   b)

Welche Superheld*innen der Klimagerechtigkeit würden Sie gerne verkörpern?

a) Ein Zeitgeist, der notwendige öffentliche Investitionen von der Schuldenbremse befreit.
b) Wenn Heroismus Mut bedeutet, braucht es ein gesellschaftliches Klima des Heldentums.

Zu den Autor*innen

a) Giulia Mennillo hat Internationale Volkswirtschaftslehre studiert. Sie ist Dozentin für Wirtschafts- und Sozialpolitik sowie Nachhaltigkeit an der Akademie für Politische Bildung in Tutzing. Als Lehrbeauftragte verschiedener Hochschulen hält sie Vorlesungen zur Globalen Politischen Ökonomie.

b) Bastian Rötzer hat Politikwissenschaft und Volkswirtschaftslehre studiert und absolviert ein Masterstudium der Politischen Theorie. Er ist stud. Hilfskraft am Institut für Politikwissenschaft der Universität der Bundeswehr München.

Kontakt

Dr. Giulia Mennillo
Akademie für Politische Bildung Tutzing
E-Mail G.Mennillo@apb-tutzing.de

Bastian Rötzer
Universität Regensburg
E-Mail Bastian.Roetzer@stud.uni-regensburg.de

Wege zu mehr sozio-ökonomischer Gerechtigkeit in der Welt

Aufbruch in eine Zukunft für alle

Der Klimawandel verschärft globale Ungerechtigkeiten und trifft die Schwächsten am härtesten. Eine gerechte und nachhaltige Zukunft erfordert systemische Veränderungen: Schuldenentlastung für arme Länder, Reformen des globalen Finanzsystems und faire Handelsabkommen, die Entwicklung und Klimaschutz miteinander verbinden.

Von Till Kellerhoff

———Wer nicht absichtsvoll verschleiern möchte und wer es wissen will, für den ist zweifelsfrei feststellbar: Der Klimawandel ist sicht-, fühl- und messbar. Einige Länder erleben diesen menschengemachten »Wandel« der Natur bereits heute als Katastrophen mit Tausenden von Opfern und Milliarden von Schäden durch Dürren, Hitzewellen, Überschwemmungen, Mangelernährung und Armut. Die Wissenschaft warnt beim „Weiter so" vor noch weit schlimmeren, weltweiten Katastrophen.

Die Krise ist dabei eine systemische, häufig als Polykrise beschrieben. Damit ist die Konvergenz von Umwelt-, Gesundheits-, Sicherheits- und Sozialproblemen gemeint, die bereits im ersten Bericht des Club of Rome, „Die Grenzen des Wachstums" aus dem Jahre 1972, als „World Problematique" bezeichnet wurden. Mittlerweile haben wir sechs der neun planetarischen Grenzen überschritten und stehen vor Kipppunkten mit unvorhersehbaren Folgen. Die Polykrise ist eng verbunden mit sich ausweitendem Hunger, steigenden Lebenshaltungskosten, stagnierenden Löhnen und zunehmender Armut, was wiederum Populismus schürt und die Demokratie als politisches System untergräbt. Diese miteinander verknüpften Krisen erfordern dringende, systemische Maßnahmen, die nicht nur die ökologischen, sondern auch die sozialen Dimensionen berücksichtigen.

Die Auswirkungen dieser Krisen sind offensichtlich und haben eine wichtige soziale Komponente: Klimakatastrophen ereignen sich weltweit und treffen die schwächsten Bevölkerungsgruppen unverhältnismäßig stark. Kriege verschärfen die Ernährungsunsicherheit und das soziale Gefüge zerfasert unter dem Druck der durch Ungleichheit verursachten Polarisierung, die wirksame politische Maßnahmen erschwert. Unzureichende politische Reaktionen haben die Fortschritte bei den Zielen für nachhaltige Entwicklung (SDGs) und dem Pariser Abkommen ins Stocken gebracht und die Notwendigkeit einer radikalen Umgestaltung unserer Gesellschafts- und Wirtschaftssysteme verdeutlicht.

Ein anderes Wachstum ist machbar

Die Fortsetzung dieses Trends ist jedoch nicht unausweichlich – er wird nur dann eintreten, wenn wir die momentan unzureichenden politischen Maßnahmen fortsetzen und die Welt weiterhin auf dem „Too-Little-Too-Late"-Weg bleibt. So wurde das Szenario im letzten Bericht an den Club of Rome beschrieben. (1) Die gute Nachricht: Wir haben das Wissen, die Technologie und die öffentliche Unterstützung, um einen anderen Weg einzuschlagen und einen Riesensprung („Giant Leap") in Richtung einer nachhaltigen und gerechten Zukunft zu machen.

Dabei geht es auch darum, die strategischen Fehler Europas, der Vereinigten Staaten, Japans, Chinas und Südkoreas zu vermeiden und sich fairer und sauberer zu entwickeln, ohne dass dies auf Kosten der Umwelt oder Ausbeutung anderer Menschen oder Regionen geht, wie wir es im Kontext des Aufstiegs heutiger Industrieländer gesehen haben. Ein rasches wirtschaftliches Wachstum in armen Ländern, das nachhaltig und fair funktioniert, ist machbar, erfordert jedoch ein neues Wirtschaftsmodell. Unter der aktuellen internationalen Struktur sind die politischen Optionen ärmerer Länder stark eingeschränkt und müssen erweitert werden. Dies erfordert eine Transformation der aktuellen globalen Finanzsysteme, Handelsabkommen und Mechanismen zur Technologieübertragung. Besonders dringend und notwendig ist es, die Beschränkungen für Niedrig- und Mitteleinkommensländer zu beseitigen, damit sie den doppelten Herausforderungen von Klimawandel und Armut begegnen können. Ohne rasche Maßnahmen ist es für sie äußerst schwierig, wirtschaftlich zu prosperieren und gleichzeitig die CO_2-Emissionen zu reduzieren oder grüne Technologien zu übernehmen.

Auf einer strukturellen Ebene hängen die wesentlichen Gründe für fortbestehende globale Armut eng mit unserem ökonomischen System zusammen. Daher ist vor allem der Einsatz für die Veränderungen unserer internationalen Handels- und Finanzsysteme von großer Bedeutung. Die gegenwärtigen Handlungsspielräume für Regierungen ärmerer Länder sind aufgrund eines globalen ökonomischen Systems, das nach wie vor von Regeln und Institutionen dominiert ist, die im Wesentlichen zugunsten von reichen und mächtigen Ländern stehen, stark eingeschränkt. Solange unser Wohlstand auf der Ausbeutung armer Länder basiert, kann in keiner Weise von „einer Welt für alle" gesprochen werden.

Erdrückende Schuldenlast verbaut Zukunft

Eines der Hauptprobleme ist dabei ein mangelnder finanzieller Handlungsspielraum, der es Ländern ermöglichen würde, ausreichende Investitionen zur Armutsreduktion auf nachhaltiger Grundlage zu tätigen. Die Vereinten Nationen schätzen, dass die Kosten zur Erreichung der SDGs bis 2030 in Afrika jährlich 1,3 Billionen US-Dollar betragen. Die momentan zur Verfügung stehenden Gelder – die, wie wir im Folgenden sehen werden, auch wesentlich durch reichere Länder und eine Umstellung internationaler Finanzinstitutionen bereitgestellt werden müssen – sind allerdings bei Weitem nicht ausreichend.

Zunächst leiden arme Länder unter einer massiven Schuldenlast. Sie hat sich viermal schneller erhöht als das Wirtschaftswachstum und erreichte 2022 stolze 1,8 Billionen US-Dollar. Seit der globalen Finanzkrise 2008 haben sich die Auslandsschulden und Schuldendienstzahlungen von Entwicklungs- und Schwellenländern mehr als verdoppelt. Laut dem Internationalen Währungsfonds (IWF) sind 70 Länder akut von Schuldenüberlastung bedroht, wobei Afrika am stärksten betroffen ist. In den Ländern mit der höchsten Schuldenlast leben 42 Prozent der Weltbevölkerung und 90 Prozent der extrem Armen. In einigen afrikanischen Ländern sind die Kosten für den Schuldendienst dreimal so hoch wie die Ausgaben für Bildung, sechsmal so hoch wie die Ausgaben für Gesundheit, 22-mal so hoch wie die Ausgaben für soziale Leistungen und 236-mal so hoch wie die Ausgaben für die Anpassung an den Klimawandel. (2) Im Jahr 2024 werden 69 Milliarden US-Dollar an afrikanischen Schuldenzahlungen fällig – mehr als die gesamte Hilfe, die der gesamte Kontinent Afrika 2021 aus den Industrieländern erhalten hat. Viele afrikanische Regierungen geben einen erheblichen Teil ihrer nationalen Einnahmen für die Bedienung von Schulden aus, was dringend geändert werden muss, um ihnen zu ermöglichen, in ihre eigene Entwicklung zu investieren.

Dazu beitragen könnten auch internationale Regelungen, die private Kreditgeber*innen dazu zwingen, an Schuldenerleichterungsprogrammen teilzunehmen. Schuldenentlastung und eine Reform der internationalen Finanzarchitektur würden den betroffenen Ländern mehr finanziellen Spielraum geben, um in öffentliche Dienstleistungen, Bildung und Infrastruktur zu investieren. Dies würde nicht nur die wirtschaftliche Stabilität dieser Länder erhöhen, sondern auch die Lebensqualität der Menschen erheblich verbessern.

Häufig hört man in diesem Kontext den Hinweis auf den chinesischen Einfluss auf Länder des Globalen Südens und die angebliche Machtlosigkeit westlicher Staaten. Das ist allerdings nur teilweise richtig: Viele afrikanische Länder schulden westlichen privaten Kreditgeber*innen (Banken, Vermögensverwalter*n) dreimal mehr als China. Die Zinssätze, die sie ihnen zahlen, sind oft doppelt so hoch wie die Zinssätze, die sie chinesischen Kreditgeber*innen zahlen müssen. Das Problem ist zwar allgemein erkannt und es gibt Maßnahmen, um damit umzugehen. Diese sind allerdings oft ineffizient. Der „Common Framework for Debt Treatments" (Gemeinsames Rahmenwerk für Schuldenrestrukturierungen) der G20-Staaten etwa, der seit November 2020 in Kraft ist, sollte die Verhandlungen über die Schulden restrukturierung vereinfachen. Leider hat sich herausgestellt, dass er äußerst ineffizient und langsam ist und als unzureichend kritisiert wird. Zu den Schwächen des Common Frameworks gehört, dass sich das Rahmenwerk nur an Niedrigeinkommensländer (Low Income Countries, LIC) richtet, obwohl auch Länder mit mittlerem Einkommen hoch verschuldet sind und Schuldenabbau benötigen. Es bietet keine Anreize für private Gläubiger, an den Umschuldungsverhandlungen teilzunehmen und Schulden zu erlassen. Außerdem wird der notwendige Investitionsbedarf zur Erreichung von Klima- und Entwicklungszielen nicht berücksichtigt, wodurch der Schuldenerlass nicht ausreichend ist.

Strukturelle Handelsdefizite und sinkende Entwicklungshilfe

Doch selbst mit Schuldenschnitten ist es nicht getan: Es ist wichtig, die zugrunde liegenden Probleme zu beseitigen, die zu dieser Situation führen: strukturelle Handelsdefizite, insbesondere einer Industrialisierung mit geringer Wertschöpfung, die zu einem geringen Wertschöpfungsanteil der Exporte im Verhältnis zu Importen führt, sind ein wesentlicher Grund. Nigeria etwa exportiert als Afrikas größter Rohölexporteur große Mengen Öl in andere Staaten, während es fast den gesamten Treibstoffbedarf aus ebendiesen Ländern importiert – der größte Teil der Wertschöpfung findet somit woanders statt.

Ein ähnliches Muster sehen wir auch bei Nahrungsmitteln, so dass Afrika 85 Prozent all seiner Lebensmittel importieren muss. Dieses Handelsungleichgewicht führt zu jährlichen Überweisungen von etwa zwei Billionen US-Dollar von ärmeren zu reicheren Ländern sowie strukturellen Handelsdefiziten mit geschwächten afrikanischen Währungen und dem Druck, Schulden in Fremdwährungen aufzunehmen. Angesichts abwertender Währungen und steigender Importpreise greifen afrikanische Regierungen in der Regel auf die Subventionierung relevanter Güter und die künstliche Aufrechterhaltung der Wechselkurse zurück, indem sie noch mehr Schulden anhäufen. Der Teufelskreis vertieft sich.

Die gebrochenen Versprechen der Industrieländer bezüglich offizieller Entwicklungshilfe sind ebenfalls eine große Herausforderung. Sinkende Transferzahlungen werden den Kontinent weiterhin um dringend benötigte finanzielle Ressourcen bringen und die Schuldenlast nur noch verschärfen, Ähnliches gilt für gebrochene Versprechen internationaler Klimafinanzierung. Zwischen 2020 und 2030 werden die Finanzierungskosten für die Klimaziele afrikanischer Länder auf etwa 2,8 Billionen US-Dollar geschätzt – erhalten hat der Kontinent davon bislang nur 30 Milliarden US-Dollar, etwa drei Prozent der benötigten Mittel. Schlimmer noch, über 72 Prozent der Klimafinanzierung wird in Form von verzinslichen Darlehen und nicht als direkte Finanzierung bereitgestellt. Das Paradoxe daran ist, dass Klimafinanzie-

„ Inzwischen zahlen viele Länder mehr für die Rückzahlung ihrer Schulden, als sie in die Klimatransformation investieren können. "

rungszusagen nun in eine Verschärfung der Schuldenlast für afrikanische Länder münden. Steigende Zinssätze werden die Kosten für den Schuldendienst erheblich erhöhen und damit die ohnehin schon stark belasteten nationalen Haushalte weiter dezimieren. Dieser eingeschränkte (finanzielle) Handlungsspielraum bringt Niedrig- und Mitteleinkommensländer zu häufig in die Situation, dass sie zwischen der Bekämpfung von Armut und der Bekämpfung des Klimawandels wählen müssen – obwohl sie selbst nichts zu der globalen ökologischen Krise beigetragen haben. So zahlen inzwischen viele Länder mehr für die Rückzahlung ihrer Schulden, als sie in die Klimatransformation investieren können.

Der tunesische Ökonom Fadhel Kaboub betont, dass wir das Thema Klimafinanzierung falsch denken: „Sie [Internationale Organisationen] verleihen Geld an die falschen Länder und zwingen den falschen Ländern Sparmaßnahmen auf. Sie sollten den historischen Verschmutzern Geld leihen, um ihnen zu helfen, ihre Klimaschulden in Form eines Schuldenerlasses zu begleichen. Und sie sollten den Ländern des Globalen Südens Zuschüsse als Kredite gewähren, um in Ernährungssouveränität und Agrarökologie, in die Souveränität bei erneuerbaren Energien und in die Produktion mit hoher Wertschöpfung zu investieren, zusammen mit dem Transfer lebensrettender Technologien für die Herstellung und den Einsatz von sauberer Energie, sauberem Kochen und sauberer Verkehrsinfrastruktur. Anstatt dem Globalen Süden Sparmaßnahmen aufzuerlegen, sollten Weltbank und IWF die historischen Umweltverschmutzer auffordern, den Gürtel enger zu schnallen. Mit anderen Worten: Wir sollten den Globalen Norden als die Länder betrachten, die Klimafinanzierung benötigen, und den Globalen Süden als die Länder, die eine Klimaschuld haben." (3)

Und in der Tat üben internationale Institutionen, die vor allem von reicheren Ländern dominiert werden, eine starke Kontrolle über die Finanzen von einkommensschwachen Ländern aus. Dazu kommt, dass ausländische Investor*innen oft mehr Kapital abziehen als sie einbringen – insbesondere, wenn man das Humankapital und das Naturkapital einrechnet.

Die Bereitstellung von Klimafinanzierungen ist ein weiterer wichtiger Aspekt. Deutschland sollte seine Anstrengungen verstärken, um den Entwicklungsländern Zugang zu finanziellen Mitteln für den Klimaschutz und die Anpassung an den Klimawandel zu ermöglichen. Durch die Förderung von Investitionen in nachhaltige Energie, Landwirtschaft und Infrastruktur könnte auch Deutschland dazu beitragen, die wirtschaftliche Basis der Entwicklungsländer zu stärken. (4)

Darüber hinaus ist es wichtig, den finanziellen Spielraum für Länder des Globalen Südens zu erweitern. Ein geeignetes Element dabei sind die sogenannten Sonderziehungsrechte (Special Drawing Right, SDR): Dabei handelt es sich um eine vom IWF geschaffene, internationale Reservewährung. SDR dienen als Ergänzung zu den offiziellen Währungsreserven der Mitgliedsländer und basieren auf einem Währungskorb aus verschiedenen Währungen. Sie können zwischen den Mitgliedsländern oder mit dem IWF gegen konvertierbare Währungen getauscht werden, um zusätzliche Liquidität zu schaffen. Dies hilft Ländern, wirtschaftliche Krisen zu bewältigen, ohne ihre eigenen Reserven zu verringern. Momentan erfolgt die Zuteilung nach dem Quotenanteil beim IWF: Eine Veränderung und größere Allokation zu Ländern des Globalen Südens würde diesen die dringend benötigte Liquidität verschaffen und ihnen helfen, wirtschaftliche Schocks besser zu bewältigen.

Fortschritte gab es bislang nur auf rhetorischer Ebene. Im April 2021 versprach, die G20, 100 Milliarden US-Dollar an SDR an relevante Länder, insbesondere in Afrika und Lateinamerika, umzuverteilen. Die praktische Umsetzung des Versprechens ist allerdings noch nicht ausreichend. Deutschland sollte sicherstellen, dass diese Zusage eingehalten wird, und gleichzeitig darauf drängen, dass die Zuteilungskriterien so angepasst werden, dass sie besser auf die Bedürfnisse der Entwicklungsländer eingehen.

Weniger wegnehmen statt mehr geben!

Trotz des dramatischen Rückgangs der extremen Armut in den letzten fünfzig Jahren leben immer noch fast die Hälfte der Weltbevölkerung von weniger als vier

US-Dollar am Tag. 700 Millionen Menschen leben in extremer Armut, definiert von der Weltbank als weniger als 2,15 US-Dollar pro Tag. Die globale Covid-19-Pandemie hat die Situation verschärft, wodurch Armut, Hunger und mangelnde Grundversorgung wieder zugenommen haben. Diese Entwicklung hängt eng mit unserem ökonomischen System zusammen.

Jean Ziegler, ehemaliger Sonderberichterstatter der Vereinten Nationen für das Recht auf Nahrung, betonte: „Es geht nicht darum, den Ländern des Globalen Südens mehr zu geben, sondern ihnen weniger wegzunehmen!" Zum Erreichen globaler sozio-ökonomischer Gerechtigkeit müssen wir daher tiefer graben als nur über Symptombekämpfung durch Entwicklungshilfe zu reden, sondern systemische Lösungen anstreben. ____

Quellen

(1) Club of Rome (Hrsg.) (2022): Earth for All. Ein Survivalguide für unseren Planeten. Der neue Bericht an den Club of Rome, 50 Jahre nach »Die Grenzen des Wachstums«, München.
(2) Club of Rome (Hrsg.) (2024): SDGs for all: Africa. An Earth4All Publication.
(3) https://climate-diplomacy.org/magazine/cooperation/climate-finance-did-imfworld-bank-spring-meetings-move-dial
(4) Club of Rome (Hrsg.) Earth for All Deutschland. Aufbruch in eine Zukunft für Alle. München. Erscheint am 14.10.2024.

Welchen Superheld der Klimagerechtigkeit würden Sie gerne verkörpern?
Pippi Langstrumpf statt Superman: »Wir machen uns die Welt, wie sie uns gefällt« – gemeinsam, gerecht, geistreich und gewitzt.

Zum Autor
Till Kellerhoff studierte Sozialwissenschaften, Ökonomie sowie Internationale Beziehungen.

Der Staatswissenschaftler ist Programmdirektor des Club of Rome und globaler Koordinator der Initiative Earth4All.

Kontakt
Till Kellerhoff
Club of Rome
E-Mail
tkellerhoff@clubofrome.org

Krise und Überwindung der imperialen Lebensweise

Kapitalismus am Limit

Wir schreiben das Jahr 2050. Der Blick zurück auf die Mitte der 2020er-Jahre macht wütend angesichts der klimapolitischen Tatenlosigkeit dieser Jahre. Aber in dieser Zeit begann auch der Wandel zur Klimagerechtigkeit, der die Dummheiten des fossilen Zeitalters hinter sich ließ.

Von Markus Wissen und Ulrich Brand

Hatte das Jahrzehnt noch einigermaßen hoffnungsvoll unter dem Eindruck einer erstarkten Klimabewegung begonnen, so flaute die klimapolitische Dynamik im Zuge der Coronapandemie und des russischen Kriegs gegen die Ukraine innerhalb weniger Jahre ab. Getrieben von einer erstarkenden autoritären Rechten agierten die bürgerlichen Parteien bestenfalls zaghaft bis ängstlich. Schlimmstenfalls – wie im Fall der deutschen Ampel-Koalition – machten sie bereits erreichte Fortschritte rückgängig und blockierten aktiv alles, was nötig gewesen wäre, um das 1,5-Grad-Ziel noch zu erreichen. Gleichzeitig kriminalisierten sie Klimaproteste und schotteten sich durch die faktische Abschaffung des Grundrechts auf Asyl gegenüber denen ab, die ihre Heimat auch wegen der durch die Klimakrise verursachten Schäden verlassen mussten.

Wie war das möglich? Wie konnte selbst eine Partei wie Die Grünen, die mit dem Rückenwind der Klimabewegung 2021 ihr bis dahin bestes Bundestagswahlergebnis eingefahren hatte und zweitstärkste Kraft einer selbstdeklarierten „Fortschrittskoalition" geworden war, den Rückschritt mitgestalten? Die progressiven Kräfte im bürgerlichen Lager, so unser Argument, scheiterten mit dem Versuch, ein mehrheitsfähiges Projekt der ökologischen Modernisierung zu entwickeln. Im Gegenzug gelang es einer informellen Koalition aus autoritär-rechten, konservativen und neoliberalen Kräften die autoritäre Stabilisierung der imperialen Lebensweise zu forcieren. Genau genommen handelte es sich bei dem Projekt, das sich in den 2020er-Jahren herausbildete, um eine Verbindung von autoritären und grün-kapitalistischen Elementen, die ihrerseits höchst widersprüchlich war und deren Haltbarkeit sich rückblickend nur auf einen kurzen Zeitraum beschränkte. Doch der Reihe nach.

Imperiale Lebensweise

Beginnen wir mit der imperialen Lebensweise. Als solche bezeichnen wir Produktions- und Konsummuster, die wegen ihrer Rohstoff- und Emissionsintensität nicht verallgemeinerbar sind. Sie basieren darauf, dass Menschen und Natur übermäßig ausgebeutet und Menschenrechte vielfach verletzt werden, nicht nur, aber insbesondere im Globalen Süden. Zudem werden viele Probleme wie Treibhausgasemissionen oder nicht mehr verfügbare Rohstoffe auf künftige Generationen verschoben. (1) Ein Beispiel dafür ist die Automobilität. Autos verbrauchen sowohl bei der Herstellung als auch bei der Nutzung Rohstoffe und produzieren Emissionen. Dass sie an manchen Orten der Welt in großem Umfang hergestellt und gefahren werden, ist aus sozial-ökologischen Gründen nur deshalb möglich, weil dies an anderen Orten nicht geschieht, weil sich die Autonutzung auch im Globalen Norden höchst ungleich gestaltet und weil auf die Rechte künftiger Generationen keine Rücksicht genommen wird (vgl. S. 36 ff.). Wäre die Autodichte weltweit so hoch wie 2024 in Deutschland, vor allem in den wohlhabenden Teilen der hiesigen Bevölkerung, dann wären viele nicht erneuerbaren Rohstoffvorkommen bereits erschöpft, und die Klimakrise hätte den Punkt ihrer Beherrschbarkeit längst überschritten.

In den Ländern des Gobalen Nordens hat sich die imperiale Lebensweise nach dem Zweiten Weltkrieg gesellschaftlich verallgemeinert. Es sind folglich diese Länder, die auch am stärksten zur ökologischen Krise beigetragen haben und deshalb

unter dem Gesichtspunkt globaler Gerechtigkeit gefordert wären, ihren Natur-
verbrauch drastisch und auf schnellstem Weg zu reduzieren. Einer Berechnung
des Sachverständigenrats für Umweltfragen (SRU) zufolge hat Deutschland seinen Anteil am noch verbleibenden CO_2-Budget – also an der Gesamtmenge an
CO_2, die weltweit noch emittiert werden darf, wenn das 1,5-Grad-Ziel mit einer
gewissen Wahrscheinlichkeit noch eingehalten werden soll – im Jahr 2024 bereits
überschritten und müsste deshalb seine klimapolitischen Bemühungen dringend
intensivieren. (2)

Dass das nicht geschieht, dass vielmehr nahezu zeitgleich mit dem Überschreiten des CO_2-Budgets das deutsche Klimaschutzgesetz seines Kerns, nämlich der
sektorspezifischen Vorgaben für die Reduktion von CO_2-Emissionen, beraubt wird,
verweist auf die tiefe Verankerung der imperialen Lebensweise in den (partei-)po-
litischen Orientierungen, staatlichen Institutionen, Unternehmen, Infrastrukturen,
Alltagspraktiken und gesellschaftlichen Kräfteverhältnissen.

Imperialismus und Klassenkompromiss

Dass sich die imperiale Lebensweise auf diese Weise verfestigen konnte, ist eine
Frage internationaler ebenso wie innergesellschaftlicher Herrschaft. Innergesellschaftlich sind es zum einen die rohstoffintensiven, fossilen Kapitalfraktionen, die
sich den nötigen Veränderungen widersetzen. Dazu gehört ganz entscheidend die
Autoindustrie, deren Interessen im deutschen Bundesverkehrsministerium bestens
aufgehoben sind. Zwar entwickelt sich die Branche zunehmend in Richtung Elek-
tromobilität weiter, um in der Konkurrenz mit Unternehmen wie Tesla und den
aufstrebenden chinesischen Autoherstellern nicht noch weiter zurückzufallen. Das
hindert sie allerdings nicht daran, im wachsenden Maße SUVs mit Verbrennungs-
motoren auf den Markt zu werfen, die zu einem wesentlichen Treiber der Klimakrise geworden sind. (3)

Zum anderen wird die imperiale Lebensweise in den gesellschaftlichen Alltagspraktiken reproduziert. Sich mit dem Auto fortbewegen, Fleisch aus der industri-
ellen Landwirtschaft essen oder mit dem Billigflieger in den Urlaub jetten zu können, entspricht den dominanten Vorstellungen eines guten Lebens. Es ist zugleich
das – nicht notwendigerweise intendierte – Resultat vergangener sozialer Kämpfe,

in denen die Subalternen den Herrschenden eine Beteiligung an den Wohlstands-zuwächsen abgerungen haben, die der Kapitalismus ermöglicht. Oft ist Autobesitz aber auch alternativlos. Wer auf dem Land lebt, wo unter einem neoliberalen Spardiktat soziale Infrastrukturen zurückgebaut wurden und vielleicht nur zweimal am Tag der Bus fährt, ist auf ein Auto angewiesen.

> **„ Die progressiven Kräfte im bürgerlichen Lager scheiterten mit dem Versuch, ein mehrheitsfähiges Projekt der ökologischen Modernisierung zu entwickeln. "**

Die sogenannten Gelbwesten-Proteste, die in den Jahren 2018 und 2019 Frank-reich monatelang in Atem hielten, sind vor diesem Hintergrund zu sehen. Sie waren nicht einfach, wie teilweise suggeriert wurde, anti-ökologisch, weil sie sich gegen die von der Regierung geplante höhere Besteuerung von fossilen Kraftstoffen richteten. Vielmehr drückte sich in ihnen die Abhängigkeit der Subalternen von einer fossilen Automobilität aus, deren Verteuerung für viele ein existenzielles Problem bedeutet hätte. Gleichzeitig artikulierte sich in ihnen die Wut darüber, dass die ökologische Transformation primär von denen bezahlt werden sollte, die in deutlich geringerem Maße zur Klimakrise beigetragen haben als die reichen Bevölkerungsgruppen. (4) Insofern zeigte sich in den Gelbwesten-Protesten die Klassendimension der imperialen Lebensweise.

Dass sich die imperiale Lebensweise im Globalen Norden etablieren konnte, ist der Möglichkeit geschuldet, ihre sozial-ökologischen Kosten zu externalisieren. Das ist die internationale Dimension des Herrschaftsverhältnisses, das der imperialen Lebensweise zugrunde liegt. Sie beinhaltet, dass deren Kosten anderen aufgebürdet werden: den Arbeiter*innen, die im Globalen Süden – wozu auch Teile Osteuropas gehören – die Rohstoffe für den Globalen Norden extrahieren, den philippinischen oder rumänischen Krankenschwestern, deren Migration den Pflegenotstand in Deutschland lindert und gleichzeitig die Sorgekrise ihrer Heimatländer verschärft, den indigenen Gemeinschaften, denen durch die Inwertsetzung der Ressourcen und Senken ihrer Territorien die Lebensgrundlage entzogen wird.

Krise, autoritäre Stabilisierung und dann?

Die imperiale Lebensweise war über viele Jahrzehnte hinweg hegemonial: Sie ermöglichte die Bearbeitung des Klassenwiderspruchs im Globalen Norden und brachte die Schattenseiten einer herrschaftsförmigen Weltordnung dort, wo sich deren Vorzüge konzentrierten, zum Verschwinden. Wenn man so will, normalisierte die imperiale Lebensweise den Imperialismus.

Dies funktionierte so lange, wie die entwickelten kapitalistischen Gesellschaften auf ein weniger entwickeltes beziehungsweise nicht kapitalistisches Außen zugreifen konnten, in dem sie sich Natur ebenso wie bezahlte und unbezahlte Arbeitskraft aneigneten. In den ersten Jahrzehnten des 21. Jahrhunderts wurde jedoch immer deutlicher, dass diese Voraussetzung nicht länger gegeben war, denn mit der globalen Verallgemeinerung der imperialen Lebensweise wurden auch deren Widersprüche manifest: Länder wie China oder auch Indien hatten sich zu geopolitischen und -ökonomischen Großmächten entwickelt. Als solche fungierten sie nicht länger als das Außen des Globalen Nordens, sondern wurden ihrerseits davon abhängig, auf ein Außen in anderen Teilen des Globalen Südens zugreifen zu können.

Dieses Außen war in den 2020er-Jahren folglich zunehmend umkämpft: Alte und neue kapitalistische Mächte stritten um die Reduktion von CO_2-Emissionen, das heißt um den Zugriff auf Senken wie den Regenwald, und darum, wer die Reparatur der klimakrisenbedingten Schäden zu finanzieren habe. Nicht zuletzt stritten sie um Ressourcen, die – wie grüner Wasserstoff, Lithium, Kupfer oder Seltene Erden – für eine ökologische Modernisierung des Kapitalismus unentbehrlich sind, deren Verwendung unter Wachstumsbedingungen sie aber schnell zu einem knappen Gut machte. Der Kapitalismus brach nicht zusammen, aber er näherte sich dahingehend seinem Limit, dass die negativen Voraussetzungen und Folgen der imperialen Lebensweise immer weniger externalisiert werden konnten. (5)

,, Innergesellschaftlich sind es die rohstoffintensiven, fossilen Kapitalfraktionen, die sich den nötigen Veränderungen widersetzen. Dazu gehört ganz entscheidend die Autoindustrie. ''

Die neoliberale Globalisierung wurde mit ihren vom Globalen Norden dominierten Regelwerken infrage gestellt, öko-imperiale Spannungen nahmen zu. Auf nationaler Ebene erodierten die materiellen Grundlagen von Klassenkompromissen. Das verschaffte autoritären Kräften Aufwind, die die imperiale Lebensweise nach außen und innen exklusiv abzusichern versuchten und dabei die bürgerlichen Parteien vor sich her trieben. Nicht nur die dringend nötige Bearbeitung der ökologischen Krise geriet dadurch ins Hintertreffen. Auch die liberale Demokratie als die dem Kapitalismus lange Zeit adäquate Staatsform wurde Stück für Stück demontiert.

Das blieb nicht unwidersprochen. Ausgehend vom klimapolitischen Rückschritt und der Enttäuschung über die Grünen haben sich die unterschiedlichen Teile der Bewegung für Klimagerechtigkeit um- und reorientiert. (6) Die breiten und reformorientierten Kräfte veränderten ihre Strategien, weil zuvor selbst so einsichtige Forderungen wie ein Tempolimit auf Autobahnen keine Chance auf Umsetzung hatten. Breite Bündnisse wurden mit Beschäftigten und ihren Interessenvertretungen geschmiedet, nach dem Vorbild der Kampagne „Wir fahren zusammen" von Fridays for Future und der Gewerkschaft ver.di. In der zweiten Hälfte der 2020er-Jahre nahmen Forderungen nach und Erfahrungen mit Vergesellschaftung zu. (7) Die Berliner Kampagne „Deutsche Wohnen & Co enteignen" setzte sich gegen alle Widerstände durch und bewirkte, dass große private Wohnungskonzerne vergesellschaftet wurden. Damit schuf sie die Grundlage für die sozial-ökologische Transformation einer wichtigen Infrastruktur.

Gegen den Widerstand des Managements und vorangetrieben vom Betriebsrat des VW-Werks in Kassel-Baunatal, dem mit 16.000 Beschäftigten zweitgrößten Standort des Konzerns, wurde ein weltweites Leuchtturmprojekt gestartet. Die Beschäftigten und Ingenieur*innen entwickelten und produzierten deutlich weniger und kleinere Elektroautos. Auf Vorschlag des regionalen Transformationsrats begann zudem die Entwicklung und Produktion des inzwischen weltberühmten „Kassel-E-Bus". Der Betrieb wurde 2030 in eine Genossenschaft überführt.

Zukunftsfähig dank Zukunftssteuer

Elon Musk hatte längst bereut, die Produktion der gesellschaftlich völlig unnötigen Teslas in Grünheide begonnen zu haben. 2028 zog er sich kleinlaut auf den Mars zurück und wurde nie wieder gesehen. Die Beschäftigten produzieren seither einen elektrisch betriebenen Fahrzeugtyp, der sich vor allem als Sammeltaxi großer Beliebtheit erfreut. Gesellschaftlicher und individueller Wohlstand wurden vom kapitalistischen Wachstumszwang und der Profitmaximierung entkoppelt. Das Wirtschaften orientierte sich an demokratisch ausgehandelten Bedürfnissen und ökologischen Notwendigkeiten. Arbeitszeiten wurden verkürzt, Arbeitsbedingungen verbessert und notwendige Arbeit gerecht verteilt. Es entstand ein eher spielerischer Wettbewerb um ressourcenleichten Wohlstand, gute Daseinsvorsorge für alle und eine möglichst minimalistische Lebensweise.

Die radikaleren Teile der Klimabewegung wurden nicht müde, die Förderung und den Import fossiler Energieträger zu blockieren. Ende der 2020er-Jahre erreichten sie ihr Ziel: Die Förderung von Kohle, Öl und Gas endete, wobei die fossilen Unternehmen nicht entschädigt, sondern rechtskräftig zu umfassenden Klimareparationen in den Ländern des Globalen Südens verurteilt wurden. Die Vermögenden wurden mit einer hohen „Zukunftssteuer" (früher Vermögenssteuer) zur Mitfinanzierung des Gemeinwesens und zu einem solidarischen Umgang mit den Folgen der Klimakrise verpflichtet. Die imperiale Lebensweise war Geschichte und wurde als solche fortan auch in den Schulen unterrichtet – auf dass nie wieder jemand auf die Dummheiten des fossilen Zeitalters hereinfalle. _____ ■

Literatur

(1) Brand, U. / Wissen, M. (2017): Imperiale Lebensweise. Zur Ausbeutung von Mensch und Natur im globalen Kapitalismus. München.

(2) Sachverständigenrat für Umweltfragen (SRU) (2024): Wo stehen wir beim CO_2-Budget? Eine Aktualisierung. Stellungnahme, März 2024. Berlin.

(3) Internationale Energieagentur (IEA) (2024): SUVs are setting new sales records each year – and so are their emissions. Paris.

(4) Schaupp, S. (2021): Das Ende des fossilen Klassenkompromisses. Die Gelbwestenbewegung als ökologischer Konflikt des »Hinterlands«. In: PROKLA 204 51(3): 435-453.

(5) Brand, U. / Wissen, M. (2024): Kapitalismus am Limit. Öko-imperiale Spannungen, umkämpfte Krisenpolitik und solidarische Perspektiven. München.

(6) Grebenjak, M. (Hg.) (2024): Kipppunkte. Strategien im Ökosystem der Klimabewegung. Münster.

(7) Nuss, S. (2024): Wessen Freiheit, welche Gleichheit? Dic Ideologie des Privateigentums und die Notwendigkeit einer anderen Vergesellschaftung. Berlin.

Welche Superheld*innen der Klimagerechtigkeit würden Sie gerne verkörpern?

a) Heldin gegen Öl-Ausbeutung im Amazonas, die dem CEO von Chevron einschenkt. Lektion gelernt. We will win!

b) Mary Murphy, die in Robinsons „Ministerium für die Zukunft" mit radikalem Reformismus die Welt rettet.

Zu den Autoren

a) Markus Wissen ist Professor für Gesellschaftswissenschaften an der Hochschule für Wirtschaft und Recht Berlin. und Redaktionsmitglied bei der PROKLA. Zeitschrift für kritische Sozialwissenschaft.

b) Ulrich Brand ist Professor für Internationale Politik an der Universität Wien und Mitherausgeber der Blätter für deutsche und internationale Politik.

Kontakt

Prof. Dr. Markus Wissen
Hochschule für Wirtschaft und Recht Berlin
E-Mail markus.wissen@hwr-berlin.de

Prof. Dr. Ulrich Brand
Universität Wien
E-Mail ulrich.brand@univie.ac.at

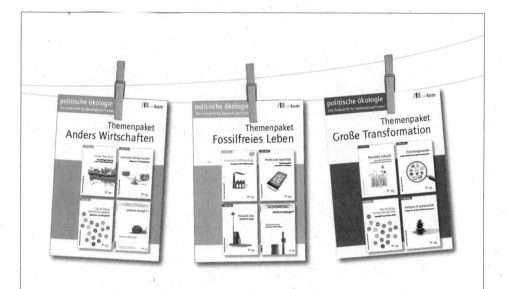

Zukunftswissen im Paket

Welche Werte leiten uns im 21. Jahrhundert? Wie lebt es sich gut nach Kohle, Öl und Gas? Wer kann uns Vorbild sein in diesen herausfordernden transformativen Zeiten? Das sind die großen Fragen unserer Zeit.

Mögliche Lösungen finden Sie in insgesamt sieben Themenpaketen der *politischen ökologie*.

Impulse

Projekte und Konzepte

Klimarisikoversicherungen

Armen Menschen im Klimastress helfen

Historisch hat der Globale Norden und Westen die Klimaerwärmung hauptsächlich verursacht, die überwiegend Leidtragenden leben heute im Globalen Süden. Einfach gesagt: der Norden schuldet dem Süden etwas. Klimarisikoversicherungen können dabei helfen, dass von Extremwetter betroffene Menschen einen Teil der Schäden durch Finanzzahlungen kompensieren können. Aber Versicherung bedeutet nicht nur „Cash in" (Prämienzahlungen) und „Cash out" (Schadenzahlungen). Versicherung ist viel mehr. Denn rund um den Finanzpart entwickeln sich Wissen und Dialog. Zusatzeffekte können sein: eine Risikotransparenz entsteht, das Risiko erhält einen Preis, es wird Risikobewusstsein generiert, Maßnahmen zur Risikoprävention werden getroffen, Forschung findet statt und Daten werden generiert. Ein Risikodialog unter Betroffenen, Regierungen und anderen Beteiligten findet statt. Diese Mehrwerte hat auch die internationale Entwicklungszusammenarbeit erkannt und fördert großzügig die Entwicklung von Klimarisikoversicherungen in armen und in Schwellenländern. Neben Deutschland sind unter anderen die USA, Japan, das Vereinigte Königreich und die Schweiz große Geberländer.

Drei Ebenen, drei Beispiele
Begünstigte von Klimaversicherungen sind Menschen, die dem Klimarisiko ausgesetzt sind. Man unterscheidet grundsätzlich Begünstigte in drei Ebenen:
1. Die Makro-Skala umfasst und begünstigt überwiegend Regierungen. Eine Regierung erhält Gelder, um beispielsweise nach einer schweren Dürre die Versorgung der Hungernden organisieren zu können.
2. Die Meso-Skala umfasst Mitglieder einer Vereinigung, etwa die Mitglieder eines Verbandes (z. B. Bauernverband), einer Gewerkschaft oder einer Kommune. Dabei werden bis zu mehrere Tausend Menschen erreicht. Am Ende profitieren die Mitglieder, also Individuen.
3. Individuen sind auch Gegenstand der Mikro-Skala. Hier werden explizit Versicherungsprodukte für Individuen entwickelt (siehe unten, Beispiel LPP).

Im Folgenden werden drei gute und bekannte Beispiele für Klimarisikoversicherungen aus verschiedenen Regionen der Welt vorgestellt.

Makroebene: Geld für Regierungen

Die „African Risk Capacity" (ARC) ist ein gefeiertes Makro-Skala-Projekt, das in über 30 Ländern Afrikas genutzt wird. Seit 2012 können sich afrikanische Regierungen mithilfe von Geberländern eine Klimarisikoversicherung kaufen. Herrscht in einem Land etwa eine schwere Dürre, erhalten Regierungen Zahlungen, um Lebensmittel in die am stärksten betroffenen Gebiete bringen zu können. Länder, die bei ARC mitmachen wollen, müssen vor Beitritt eine Risikomanagement-Strategie etwa für Dürren oder Überschwemmungen entwickeln und vorlegen. So entsteht neben dem Geld- oder Nahrungsmittelfluss ein echter Mehrwert. Bei ARC modellieren Computer in Risikobetrachtungsmodellen (Africa Risk View Models) das Wetter und Klimageschehen. Wenn sich zum Beispiel eine größere Dürre anbahnt, werden sofort Hilfsmaßnahmen mobilisiert. Dadurch können Hilfsmittel deutlich schneller fließen als früher. Hilfen durch die Vereinten Nationen beispielsweise kamen oft erst sehr spät bei den Betroffenen an.

Ein generelles Problem sind die bei Klimaversicherungen, auch bei ARC, die vergleichsweise kleinen Zahlungen. Sambia erhielt von der ARC im Juni 2024 eine Auszahlung in Höhe von knapp zehn Millionen US-Dollar für eine schwere Dürre (2023/24). Das ist nur ein Tropfen auf den heißen Stein. Die Auszahlungen können nur Probleme in den am ärgsten betroffenen Regionen leicht mildern.

Die Zahl der teilnehmenden Länder schwankt von Jahr zu Jahr. Im Jahr 2020 hat ARC 21 Länder abgesichert. Das stellt einen historischen Rekord dar. Die ARC entwickelt sich rapide und kreiert ständig neue Produkte. So wurde im Jahr 2020 ein neues Produkt für tropische Zyklone entwickelt (Tropical Cyclone Cover). 2021 kam ein Produkt für Land- und Viehwirte (Pastoral Drought Project) hinzu. Die ARC gewinnt auch regelmäßig internationale Preise, zum Beispiel für Innovationsfähigkeit.

Die ARC verbindet zahlreiche gute Elemente: Strategieentwicklung, raschere Hilfszahlungen, internationales Monitoring. Jahr für Jahr erhält sie deshalb Geld von den Geberländern. Ein Beleg dafür, dass hier Mehrwert gesehen wird. Neue Produkte sind gut, die Konsolidierung existierender Produkte ist aber mindestens ebenso wichtig.

Mesoebene: Geld für Gruppen

Die „R4 – Rural Resilience Initiative" am Horn von Afrika (R4 Harita) ist eine Weiterentwicklung des früheren Harita-Projekts (Horn of Africa Risk Transfer for Adaptation). Es wurde 2009 vom Welternährungsprogramm der Vereinten Nationen und OXFAM America für Äthiopien ins Leben gerufen. R4 meint Risikoreduzierung, Risikotransfer (Versicherung), Risikobehalt (Ersparnisse) und umsichtige Risikoannahme. Ziel des Programms ist es, die Landwirtschaft deutlich zu verbessern und Frauen besser zu integrieren.

Auch für R4 Harita gilt, dass es nicht zu großen Hilfszahlungen kommt. Manchmal erhalten Betroffene nur eine kleine Hilfe, um Lebensmittel kaufen zu können. Im Kern geht es in erster Linie um Entwicklung und Kapazitätsaufbau. Landwirt*innen werden dafür gezielt geschult. Dabei wird insbesondere auf Berichte und das Messen von Wirkungen sehr viel Wert gelegt. Alles wird veröffentlicht. R4 verfügt mit über die besten Berichte von vor Ort. Ein Auszug aus einem Bericht für Äthiopien 2020: 132.000 Pflanzlöcher ausgegraben; 3.154 Landwirt*innen zu Bodenqualität und Saaten ausgebildet; 450 Landwirtschaftsleiter*innen zum Klimawandel geschult.

Seit der Gründung wächst R4 Harita stabil: Im Gründungsjahr 2009 wurden in Äthiopien 200 Landwirt*innen erreicht. 2012 19.407 Landwirt*innen im Senegal. Heute (2024) ist R4 in 14 Ländern aktiv, auch in Ländern außerhalb Afrikas (El Salvador, Guatemala, Haiti, Nicaragua, Kuba, Bangladesch). R4 Harita ist wegen des exzellenten Reportings und des Messens der Lernwirkungen ein herausragendes Projekt. Das Expandieren in arme Länder rund um den Globus zeichnet R4 Harita ebenfalls aus.

Mikroebene: Schutz für Individuen

Die „Munich Climate Insurance Initiative" (MCII) wurde 2005 gegründet und entwickelt Versicherungen für Individuen (Mik-

roebene). Die Livelihood Protection Policy (Einkommensabsicherung) war und ist für „ökonomisch aktive Arme" (Lehrerinnen, Fischer, Bauarbeiter etc.) gedacht, die etwas Geld für den Kauf einer günstigen Versicherungspolice haben. Das dahinterstehende Konzept: Die Police soll bei Wetterextremen (Starkregen, Windsturm), die im Klimawandel zunehmen werden, wirken. Sie muss für arme Menschen erschwinglich sein. MCII entwickelte ein sogenanntes parametrisches Produkt, eine Indexversicherung. Index bedeutet, dass bei bestimmten hohen Windstärken oder Regenmengen gestufte Auszahlungen erfolgen. Menschen konnten sich für den Preis eines Essens in einem Pub eine Police erwerben (30 US-Dollar). Jede*r konnte bis zu maximal zehn dieser Policen kaufen. Die Maximalauszahlung im Schadensfall betrug zwischen 350 bis zu rund 3.500 US-Dollar. Bei einem Wetter-Großereignis (statistisch einmal in hundert Jahren, also 100-Jahre-Event) wurde die volle Schadenssumme ausbezahlt. Bei häufigeren Ereignissen sank die Auszahlung. Bei einem Zehn-Jahre-Event wurden nur noch 20 Prozent der maximalen Summe ausgezahlt. Das Geschäft wurde von einem lokal ansässigen Versicherer über Banken betrieben. Allerdings waren die Auszahlungsstufen zu schlecht berechnet. Außerdem fand unmittelbar nach dem Start der Police zum Schutz des Lebensunterhalts (Livelihood Protection Policy, LPP) ein 100-Jahre-Event in St. Lucia in der Karibik statt. Die LPP hatte insgesamt viel zu viele Auszahlungen (z. B. in St. Lucia fünf Auszahlungen in nur vier Jahren), sodass das Projekt nicht wirtschaftlich tragfähig war. Die LPP wurde nach wenigen Jahren eingestellt. Schlecht berechnete Auszahlungsstufen (payout triggers) verhinderten den Erfolg. Mittlerweile wurde das LPP-Konzept neu berechnet. Die Police soll jetzt von Verbänden (z. B. Agrarverband) für die Mitglieder erworben werden (Mesoskalen-Ansatz: Verkauf von Hunderten Policen an einen Verband, der dann die Verbandsmitglieder schützt). Das neue Konzept LPP wird noch 2024 in der Karibik – zunächst auf zwei oder drei Inseln (Ländern) eingeführt. In der Pazifikregion ist die Police bereits seit August 2021 im Einsatz. Sie ist ein Bestandteil im Rahmen eines großen länderübergreifenden Schutzprojekts der Anpassung (Pacific Insurance and Climate Adaptation Program, PICAP). Da hier mächtige Institutionen der Vereinten Nationen – etwa der Kapitalentwicklungsfonds (UNCDF) oder das Entwicklungsprogramm (UNDP) – involviert sind, ist mit einem Erfolg zu rechnen. Der Start für die LPP erfolgte in Fidji. Seit 2011 wurden mehr als 18.000 Policen in Fiji, Tonga und Samoa verkauft. Fazit: Die Livelihood Protection Police, die einst floppte, ist überarbeitet zurück. Sie wird nun in zwei Regionen weiterentwickelt.

Treiber neuer Entwicklungen
Die Beispiele zeigen, dass das Instrument Klimarisikoversicherung weltweit genutzt wird. Sie wird gerade im Kontext der Ent-

wicklungszusammenarbeit sehr geschätzt. Neue gestartete Initiativen werden Klimarisikoversicherungen weiter antreiben, wie zum Beispiel das „Global Shield against Climate Risks". Die G7/V20-Initiative, die wieder stark vom deutschen Bundesministerium für wirtschaftliche Zusammenarbeit und Entwicklung unterstützt wird, wurde am im November 2022 beim Klimagipfel in Ägypten (COP 27) lautstark angekündigt. Länder, die nachweislich stark von Wetterextremen betroffen sind, die durch die Erderwärmung entstehen, sollen zunächst bedacht werden. Klimarisikoversicherungen werden explizit als gutes finanzielles Instrument genannt. Das wird sicher neue Entwicklungen antreiben.

Thomas Loster
Munich Climate Insurance Initiative

www.arc.int/
www.wfp.org/r4-rural-resilience-initiative
https://climate-insurance.org/

Klimafinanzierung
Alternativer Ansatz zur CO$_2$-Kompensation
Während der Schwerpunkt der Anstrengungen darauf liegen muss, die direkt und indirekt verursachten Emissionen möglichst schnell und drastisch zu reduzieren, können Unternehmen und andere Organisationen ergänzend Klimaschutzmaßnahmen außerhalb der eigenen Wertschöpfungskette unterstützen. Dies fördert den

nachhaltigen Klimaschutz und hebt die Reputation. Das mancherorts diskutierte Contribution-Claim-Modell bietet Unternehmen und anderen Organisationen die Möglichkeit, sich an der Unterstützung des globalen Klimaschutzes und der Förderung nachhaltiger Entwicklung zu beteiligen, ohne die Emissionsgutschriften auf ihr eigenes Reduktionsziel anzurechnen.

Um ein gemeinsames Verständnis eines solchen Ansatzes herzustellen, hat die Stiftung Allianz für Entwicklung und Klima mit Unterstützung des Wuppertal Instituts für Klima, Umwelt, Energie in einer ersten Projektphase gemeinsam mit zentralen Stakeholdern das Konzeptpapier „Grundprinzipen eines Contribution-Claim-Ansatzes" entwickelt. Die Besonderheit an diesem Projekt ist sein interaktiver Charakter: In den einzelnen Phasen des Projekts kamen bereits Akteur*innen aus Wissenschaft, Privatsektor und Zivilgesellschaft sowie dem öffentlichen Sektor in sogenannten Living Labs (Real-Labore) zusammen. Methodisch verbinden die Living Labs die Analysen des freiwilligen Kohlenstoffmarktes mit dem Wissen der Akteur*innen und Stakeholder zum Contribution-Claim-Modell. Der aktive Austausch ermöglicht den Wissenstransfer, Praxisnähe und die gemeinsame Gestaltung eines Konzepts für freiwillige Klimafinanzierung. Das Ergebnis des im Sommer 2024 beendeten Forschungsprojektes ist ein im September veröffentlichter Leitfaden, der Unternehmen und andere Organisationen bei der Anwendung des Contribution Claim-Modells unterstützt. Darin enthalten sind einerseits Anforderungen an die Organisationen, wie beispielsweise Vorgaben zur Bilanzierung von Treibhausgasemissionen, zur Zielsetzung und Umsetzung interner Klimaschutzmaßnahmen, zur Bepreisung von nicht vermiedenen Emissionen sowie zur Kommunikation. Des Weiteren werden die Anforderungen an Klimaschutzmaßnahmen außerhalb der Wertschöpfungskette der Organisation fokussiert und einheitliche Anforderungen dargelegt, um Qualität und Integrität in der Projektumsetzung zu gewährleisten. Durch die Bepreisung noch nicht vermiedener Treibhausgasemissionen wird ein Budget berechnet, das wiederum für drei verschiedene, aber miteinander kombinierbare Optionen der Klimafinanzierung außerhalb der Wertschöpfungskette genutzt werden kann.

So kann die Privatwirtschaft mit der finanziellen Unterstützung von Klimaschutzprojekten einen wichtigen Beitrag zur Schließung der Finanzierungslücke von aktuell rund vier Billionen US-Dollar leisten, die in den Ländern des Globalen Südens benötigt werden, um die Nachhaltigen Entwicklungsziele (Sustainable Development Goals, SDGs) zu erreichen.

Sina Brod und Peter Renner
Stiftung Allianz für Entwicklung und Klima

https://allianz-entwicklung-klima.de/informieren/ganzheitlicher-klimaschutz/contribution-claim/

Sensibilisieren für Klima(un)gerechtigkeit
Bühne frei zum Mitmachen

„Echt jetzt? Gerecht jetzt!" und „Klima. Gerecht.Machen." – so lauten die Titel zweier interaktiver Workshops, die im Juli im Rahmen der Münchner Kammerspiele stattgefunden haben. Anknüpfend an das Schauspielprojekt Campus #18 „Die Verteidigung des Paradieses" versuchten die Teilnehmer*innen Klima(un)gerechtigkeiten aufzudecken. In dem Theaterstück geht es um ein post-apokalyptisches Szenario, in dem das Publikum an verschiedenen Hörspiel-, Lese- und Video-Stationen die Protagonist*innen durch ein nach einer Klimakatastrophe zerstörtes Bayern begleitet. Neben diesem Theaterparcours gab es Film- und Schreibübungen, bei denen die Mitwirkenden unter anderem der Frage auf den Grund gingen: Finden wir ein gemeinsames Paradies, in dem alle gleichberechtigt leben können?

Mit solchen Maßnahmen, politischen Aktionen und Aufklärungsarbeit setzt sich der Verein Green City dafür ein, politische Teilhabe zu fördern. Zudem verfolgt er das Ziel, den motorisierten Individualverkehr und den Ausstoß klimaschädlicher Treibhausgase zu reduzieren und München grüner und lebenswerter, sprich zu einer zukunftsfähigen Stadt zu machen. Denn für stark versiegelte Großstädte ist es unerlässlich, sich aktiv dem Klimawandel anzupassen.

Für die junge Generation bedeutet die Klimakrise eine unsichere Zukunft. Um für ihre Belange einzustehen, engagieren sich zahlreiche junge Menschen zum Beispiel bei Fridays for Future. Ohne sie wären die Probleme, die der Klimawandel verursacht, nicht so weit im öffentlichen Bewusstsein verankert, wie es derzeit der Fall ist. Aber auch in dieser Umweltbewegung sind junge Menschen aus weniger privilegierten Verhältnissen unterrepräsentiert.

In dem partizipativen Projekt zu Klimagerechtigkeit wollen die Teilnehmer*innen der Schulungen gemeinsam Klima(un)gerechtigkeiten aufdecken und junge Menschen (überwiegend solche, die von Diskriminierung betroffen sind) dazu befähigen, selbstständig Workshops zum Thema Klimagerechtigkeit zu geben. Es geht darum zu lernen, warum weltweit weniger privilegierte Menschen beispielsweise in ehemaligen Kolonien, oder Menschen mit wenig Geld stärker von den Klimafolgen betroffen sind und was sich dagegen tun lässt. Die Schulungen sind kostenlos. (mb)

www.greencity.de/projekt/partizipatives-projekt-zu-klimagerechtigkeit/

Klimaschutz in Mietwohnungen
Energiesparen – sozial und fair

Unsanierte Gebäude verursachen hohe Energiekosten und einen erheblichen Treibhausgasausstoß. Das gefährdet das Erreichen der Klimaschutzziele bis 2030. Rechnet man die indirekten Emissionen hinzu, die bei der Erzeugung von Strom und Fernwärme entstehen, sind Gebäude für 30 Prozent der Treibhausgasemissionen in Deutschland verantwortlich. Es besteht also dringender energetischer Sanierungsbedarf. Gleichzeitig wird es für viele Menschen immer schwieriger, eine bezahlbare Wohnung zu finden. Schlecht gedämmte Häuser treiben die Energiekosten in die Höhe und schaden der Umwelt. Wird saniert, müssen Mieter*innen dennoch mehr zahlen als zuvor, obwohl ihre Heizkosten sinken. Denn sie tragen die Modernisierungsumlage allein.

Der Deutsche Mieterbund (DMB) und der Bund für Umwelt und Naturschutz Deutschland (BUND) fordern von der Bundesregierung, jetzt für eine gerechte Kostenverteilung zwischen Mieter*innen, Vermieter*innen und Staat zu sorgen. Eine Studie des Instituts für Energie und Umweltforschung Heidelberg (ifeu-Institut) im Auftrag der beiden Verbände zeigt, wie das funktionieren kann. Die Autor*innen schlagen vor, die Modernisierungsumlage von acht beziehungsweise zehn Prozent für Erneuerbare-Energien-Heizungen auf drei Prozent zu senken. Die Höhe der Modernisierungsumlage entspräche dann im Durchschnitt der Höhe der eingesparten Heizkosten. Im Gegenzug zur Absenkung der Umlage sollen die Vermieter*innen die Fördermittel behalten dürfen. Bisher müssen sie an die Mieter*innen weitergereicht werden.

„Sozialer Klimaschutz in Mietwohnungen ist machbar", betonen DMB und BUND. Aber nur, wenn die für die energetische Sanierung notwendigen Kosten fair aufgeteilt werden. Das würde den Treibhausgasausstoß senken, Mieter*innen finanziell entlasten und den Wert des Gebäudes steigern. Eine entsprechende Verteilung ließe sich mit dem sogenannten Drittelmodell realisieren, wonach die Kosten der energetischen Modernisierung gerecht zwischen drei Akteuren aufzuteilen sind: Staat, Vermieter*innen und Mieter*innen. Das Modell wurde jetzt an die aktuellen Rahmenbedingungen angepasst und weiterentwickelt. Bereits 2012 erarbeiteten BUND, DMB und der Deutsche Naturschutzring (DNR) die Idee dafür.

DMB und BUND machen deutlich, dass es darüber hinaus weitere Maßnahmen braucht, um gleichzeitig Klimaschutz in Gebäuden und bezahlbares Wohnen langfristig sicherzustellen. (mb)

www.bund.net/fileadmin/user_upload_bund/publikationen/energiewende/klimaschutz-in-mietwohnungen-studie-bund-2024.pdf

Internationale Klimapolitik
Vertrauen fördern
Bei den UN-Klimaverhandlungen haben die Länder aus dem Globalen Süden immer wieder das Nachsehen, wenn es um die finanzielle Unterstützung etwa zur Anpassung an den Klimawandel geht. Vor dem Klimagipfel hatten sie sich daher zusammengeschlossen, um eine Reform der internationalen Finanzinstitutionen weiter voranzutreiben. Zudem sollten die Industrienationen einen höheren Beitrag

zahlen, um die Auswirkungen der Klimakrise abzumildern. Zwar wurde Ende 2023 in Dubai ein Fonds für die besonders von der Klimakrise betroffenen Länder ins Leben gerufen. Aus dem „Loss-and-Damage-Fonds" sollen sie Geld erhalten, um durch die Klimakrise verursachte Zerstörungen in ihrem Land zu reparieren oder für nicht ersetzbare Verluste entschädigt zu werden. Aber bei der fortschreitenden Erderhitzung reicht das bei Weitem nicht aus.

Die Europäische Initiative zum Kapazitätsaufbau (European Capacity Building Initiative, ECBI) versucht seit 2005, gleiche Ausgangsbedingungen für alle bei internationalen Klimakonferenzen vertretenen Länder zu schaffen, indem sie die Verhandlungsführer*innen befähigt, Lösungsstrategien zu entwickeln und diese dann erfolgreich umzusetzen. Ziel der ECBI ist, gegenseitiges Verständnis und Vertrauen zu fördern – sowohl zwischen Entwicklungsländern als auch zwischen Entwicklungsländern und europäischen Ländern. Denn das Fehlen gleicher Ausgangsbedingungen zwischen den Delegationen, sowohl zwischen Nord und Süd als auch zwischen Süd und Süd verhindert häufig, gerechte Beschlüsse bei den Klimaverhandlungen zu fassen. Hinzu kommen Missverständnisse und ein Mangel an Vertrauen, insbesondere zwischen Industrie- und Entwicklungsländern.

Die ECB-Initiative umfasst vier Hauptarbeitsbereiche: ein Fellowship- und Trustbuilding-Programm zur Förderung eines informellen Meinungs- und Gedankenaustauschs zwischen hochrangigen Verhandlungsführern aus Entwicklungsländern und Europa, ein Schulungs- und Unterstützungsprogramm zur Verbesserung der Verhandlungsfähigkeiten, eine Rechtsberatungsstelle und eine Abteilung für Öffentlichkeitsarbeit. (mb)

https://ecbi.org/

Klimabewegung global
In Zukunft mehr Gehör für alle

Was hat die Klimakrise mit Rassismus, Ausbeutung und Flucht zu tun? Einiges, denn der Klimawandel verstärkt zum Beispiel Ungleichheit, weil nicht alle Menschen den gleichen Zugang zu Informationen etwa über zu erwartendes Hochwasser haben. Oder sie können sich nicht vor Stürmen oder Hitzewellen schützen, weil es in ihren Ländern nicht die erforderliche Infrastruktur dafür gibt. Das betrifft vor allem Menschen im Globalen Süden.

Unter anderem deshalb gründete sich 2021 BIPoC (Black, Indigenous and other People of Color) for Future, ein Netzwerk für Schwarze, Indigene und People of Color. Die Abgrenzung zu Fridays for Future (FFF) Deutschland markiert eine neue Ära im deutschen Klimaaktivismus, auch wenn sich das Netzwerk noch als Teil von FFF versteht. Unter dem Motto „Climate Justice Now" rief BIPoC for Future im vergangenen April zum internationalen Klimastreiktag auf. Und bei dem letzten großen bundesweiten Klimastreik Ende Mai gingen beide Bewegungen getrennte Wege. BIPoC for Future warf FFF Deutschland vor, den Begriff Klimagerechtigkeit zu verwenden, ohne dessen wirklichen Sinn zu verstehen. Echter Aktivismus für Klimagerechtigkeit sei „antikapitalistisch, antikolonial und antirassistisch".

Die Klimaschutzorganisation 350.org unterstützt BIPoC for Future. „Die deutsche Klimabewegung ist zu großen Teilen weiß. Fast alle bekannten Umweltorganisationen (wir bei 350 Deutschland sind keine Ausnahme) werden von weißen Menschen geleitet, haben überwiegend weiße Mitarbeiter*innen und schenken anderen Stimmen zu wenig Gehör", heißt es auf der Homepage. „Wir setzen uns dafür ein, das Zeitalter der fossilen Brennstoffe zu beenden und eine Welt mit erneuerbarer Energie von und für Menschen für alle aufzubauen. Wir fordern einen tiefgreifenden Wandel mit Energiegerechtigkeit im Zentrum aller Werte."

BIPoC for Future Deutschland betont, dass es nicht darum gehe, weiße Menschen zu bekämpfen, sondern jede weiße rassistische Struktur, die versuche, die Gruppierung auszuschließen. Klimagerechtigkeit verbinde die Kämpfe gegen die Klimakrise aller Menschen weltweit. Das Netzwerk verweist auch auf die Dringlichkeit des Handelns: „Es ist bereits zu spät, den Klimawandel aufzuhalten. Das bedeutet, dass wir jetzt alles tun müssen, um die Katastrophen, die er mit sich bringen wird, zu minimieren. Das geht nur, wenn wir unsere Kämpfe global vereinen und die Ursache des Problems erkennen: das kapitalistische System, das auf Kolonialismus, Ausbeutung und Rassismus basiert."

Der Rechtsruck in Europa und hierzulande erschwert die Bewältigung der Klimakrise. Denn rechtsextreme Parteien unterstützen rassistische Strukturen und leugnen den Klimawandel. Und sie kriminalisieren Menschen, die aufgrund der Folgen des Klimawandels ihre Heimat verlassen müssen.

Die Klimaaktivist*innen von BIPOC for Future erwarten von der überwiegend weißen Klimabewegung, dass sie nicht weißen Menschen zuhören und deren Proteste unterstützen solle. Für die Länder des Globalen Südens wollen sie einen Schuldenerlass, wie es etwa die Kampagne „Debt for Climate" (Schulden für Klima) fordert. (mb)

https://350.org/de

Neue Horizonte 2045
Missionen für Deutschland
Der Zukunftshorizont der Szenarioanalyse ist mit Bedacht gewählt. 2045 ist das Jahr, für das sich die Bundesregierung vorgenommen hat, Deutschland zu einem klimaneutralen Land umgebaut zu haben. Eine solch weitreichende und ambitionierte Transformation muss in eine sozial- und klimagerechte sowie zukunftsfähige Wirtschaft und Gesellschaft eingebettet sein. Eine der zentralen Fragen der Analyse lautet daher: Wie kann das gehen?
In einem partizipativen und politisch unabhängigen Prozess entwickelte die Ini-

tiative D 2030 bis Anfang 2018 acht explorative Szenarien für Deutschland im Jahr 2030 – von „Alten Grenzen" bis zu „Neuen Horizonten". Der neue Szenarioprozess setzt bewusst an den Neue-Horizonte-Szenarien aus dem Vorläuferprojekt an, weil sie damals als Wunschszenarien ausgewählt wurden. Heute, sechs Jahre später, leben wir zwar in keiner grundlegend anderen Welt, aber in einer fragilen Zeit des Umbruchs. Der Anfang 2022 von Russland begonnene, völkerrechtswidrige Angriffskrieg auf die Ukraine hat das demonstriert. Bereits ab 2020 zeigte die globale Corona-Pandemie die Verletzlichkeit der modernen Zivilisation. Sie hat auch verdeutlicht, dass staatliches Handeln in Krisenzeiten notwendig und erfolgreich sein kann – aber auch Grenzen hat. Im Juli 2021 hat die Ahrtal-Flut für viele Menschen in Deutschland aus der fernen Klimakrise eine unmittelbare Realität werden lassen. Im scharfen Kontrast zu diesem einschneidenden Ereignis standen die ernüchternden Ergebnisse der Klimakonferenz der Vereinten Nationen im ägyptischen Sharm el-Sheikh Ende 2022 (COP 27). Parallel dazu erklomm die Entwicklung der Künstlichen Intelligenz (KI) spätestens mit dem Start von ChatGPT im November 2022 einen Platz ganz oben auf der wirtschaftlichen, aber auch der klimapolitisch relevanten Agenda.

Krieg, Corona, Klima, KI und eine zunehmend polarisierende politische Debatte stellen zentrale Umfeldbedingungen für den ab Anfang 2023 begonnenen, zweiten Szenarioprozess dar. Der gewählte Szenarioansatz stellt die Frage nach dem Erreichen der im Klimagesetz formulierten Ziele, bewusst in den Kontext veränderter Umfeldbedingungen. Die Entwicklung „Neuer Horizonte" setzt auf positive Narrative und Missionen einer Transformation von Wirtschaft und Gesellschaft. Zu solchen Missionen zählen neben dem Klimaschutz beispielsweise eine ressourceneffiziente Kreislaufwirtschaft, aber auch die digitale und technologische Souveränität Deutschlands sowie die Stärkung des gesellschaftlichen Zusammenhalts. Damit lässt sich das neue politische Handlungsfeld einer missionsorientierten Innovationspolitik nutzen, um sich einerseits an den globalen Nachhaltigkeitszielen zu orientieren und sich andererseits für eine aktive Beteiligung der Zivilgesellschaft als Partner der Transformation zu öffnen. Bewusst werden dabei Zielkonflikte der wirtschaftlichen, sozialen und politischen Transformation ins Zentrum der Analyse gestellt. Handlungsleitend ist die Frage: Wie kann es gelingen, heutige Zielkonflikte – etwa bei der Formulierung eines sozial gerechten Gebäudeenergiegesetzes oder bei der Frage, ob und welchen Beitrag Kohlenstoffabscheidung und -speicherung (Carbon Capture Storage, CCS) leisten kann – langfristig zu überwinden.

Klaus Burmeister,
D2030 – Deutschland neu denken e. V.

www.d2030.de/neue-horizonte/

100%
Nachhaltigkeit

Abschied von einem Brückenbauer

Tiefseebergbau und Energiewende

Nachhaltigkeitsforschung und
Wissenstransfer

Stromnetzausbau in Deutschland

Nachhaltigkeitsberichterstattung

SPEKTRUM NACHHALTIGKEIT

Die gesellschaftliche Diskussion um die Zukunft ist
vielschichtig. Im Spektrum Nachhaltigkeit veröffentlicht die politische ökologie deshalb – unabhängig
vom jeweiligen Schwerpunktthema – Fachbeiträge,
die sich mit verschiedenen Aspekten der Nachhaltigkeit auseinandersetzen. – Viel Vergnügen beim
Blick über den Tellerrand!

Nachruf auf den Umweltpolitiker Klaus Töpfer

Abschied von einem Brückenbauer

▬ Kennengelernt habe ich ihn kurz vor der Wende. Er rang mit Michael Succow darum, wie das großartige, von diesem ausgearbeitete Nationalparkprogramm, das fast fünf Prozent der Fläche Ostdeutschlands unter Schutz stellte, in den Einigungsvertrag übernommen werden konnte. Ohne ihn wäre dieser nachhaltige Erfolg nicht möglich gewesen, meint Michael Succow heute. Töpfer würdigte das Programm als „Tafelsilber" der deutschen Einheit, Hubert Weiger der Ehrenvorsitzende des BUND, ergänzt, dass Töpfer auch „der ökologischen Landwirtschaft und dem Schutz des Bodens hierzulande den Weg bereitet" habe.

Beherzt reagierte Töpfer auch auf die in den letzten Monaten der DDR bekannt gewordenen, eklatanten Sicherheitsmängel der dortigen Atomkraftwerke. Sie wurden zügig stillgelegt. Es gelang zudem, dass im Freudentaumel der deutschen Einheit auch das Vorgängerkonzept für das Erneuerbare-Energien-Gesetz (EEG) durchgewinkt wurde. „Wer soll denn die Kosten dieser für die ganze Welt notwendigen Technologie herunterkaufen und damit die Massenproduktion anschieben, wenn nicht die reichen Länder?" wies er Kritik aus der eigenen Partei zurück. Als Vorsitzender der von Angela Merkel nach der Reaktorkatastrophe von Fukushima eingesetzten Ethikkommission bereitete er 2011 den Beschluss zum endgültigen deutschen Atomausstieg vor.

Triebkraft im In- und Ausland

International sehr wirkmächtig war Klaus Töpfer auf dem Umwelt- und Entwicklungsgipfel von Rio de Janeiro im Jahr 1992, der die Klimarahmen- und Biodiversitätskonvention auf den Weg brachte. Sobald Bundeskanzler Helmut Kohl zugesagt hatte, in Rio eine Rede zu halten, meldete Töpfer sich bei Franzjosef Schafhausen, einem führenden Ministerialbeamten: „Rechne mal aus, welches Klimaziel wir den Kanzler für Deutschland ankündigen lassen können." So kam Deutschland zu seinem ersten Klimaziel.

Von 1998 bis 2006 war Töpfer dann in Nairobi Chef des Umweltprogrammes der Vereinten Nationen. „Ohne internationale Zusammenarbeit und Solidarität mit den Schwachen geht auch der Schutz der ökologischen Lebensgrundlagen nicht", betonte er. Ob bei seiner eigenen Stiftung für Umwelt gegen Armut, heute „Klaus-Töpfer-Stiftung", als Schirmherr von Atmosfair oder Vizepräsident bei der Welthungerhilfe bohrte er in den Sitzungen regelmäßig nach: „Machen wir's konkret. Welchen direkten Nutzen haben die Menschen vor Ort davon?".

Klaus Töpfer war auch eine Triebkraft, um die Programmatik der CDU, seiner Partei seit 1972, weiterzuentwickeln: „Wenn wir erhalten wollen, was uns wichtig ist, müssen wir uns ändern." Er entwickelte die Programmatik von der sozialen zur ökosozialen Marktwirtschaft weiter. Er warb dafür, auch die weitreichenden Impulse der päpstlichen Enzyklika *Laudato Si* für die Partei zu nutzen.

Letztes Jahr, beim Symposium zu seinem 85. Geburtstag, erklärte er: „Politik darf nicht zur Kunst werden, die das Mögliche macht, sondern zur Kunst, die das Notwendige möglich macht" – ein kleiner Seitenhieb auf Angela Merkel, die gegenüber Fridays for Future die unzureichende Klimapolitik als Kunst des Möglichen verteidigt hatte. Auf den neuen Parteivorsitzenden Merz reagierte er nach dessen Rede in der Konrad-Adenauer-Stiftung, die die vermeintliche Verbotspolitik der Grünen kritisierte. „Wenn ich den Vortrag so höre, dann zweifle ich, ob ich noch Mitglied in der Partei sein darf", kommentierte er. „Ich habe nämlich alles ordnungsrechtlich gemacht. Stellen Sie sich vor, wir haben Umweltpolitik gemacht, beispielgebend in der Welt, durchaus, ohne einmal einen Preis zu setzen." Ordnungspolitik gegen das Ozonloch, Blei im Benzin oder das Waldsterben – und alles erfolgreich.

Bei dem Symposium wurde aber auch die parteiübergreifende Wertschätzung sehr deutlich. Dietrich Brockhagen von Atmosfair spricht das Erfolgsrezept von Töpfer dafür an: „Er konnte wunderbar aufrichtig die Erfolge von Politikern anderer Parteien würdigen. Dabei strahlte er eine Unvoreingenommenheit aus, die Menschen in seiner Gegenwart dazu brachte, Konflikte beiseitezulegen [...] Dabei half ihm auch sein schlitzohriger Humor, gerade wenn er sich über sich selbst lustig machte, und das tat er gerne."

Mit Klaus Töpfer hat die Zivilgesellschaft einen verlässlichen und wertschätzenden Brückenbauer verloren, einen strategischen und charismatischen Politiker und eine prägnante Persönlichkeit.

Christoph Bals
Politischer Geschäftsführer, Germanwatch

Die Gedanken von Klaus Töpfer und sein umweltpolitisches Wirken haben uns beindruckt und inspiriert. Auch wenn der Vielbeschäftigte selten selber zur Feder griff, hallten seine Interviews in unseren Zeitschriften oder seine Vorträge beim oekom e. V. stets lange nach. Auch für seine Arbeit als einer der Herausgeber des 2022 erschienenen Sammelbandes „Flucht" sind wir dankbar. Als Mensch wird er uns fehlen, sein Engagement für eine lebenswerte Welt bleibt uns ein Ansporn.

oekom verlag und oekom e. V.

Tiefseebergbau und die Energiewende

Das falsche Versprechen

Von Steve Trent und Martin Webeler

Angesichts des weltweiten Biodiversitätsverlusts sowie der Klimakrise und ihrer verheerenden Auswirkungen ist eine Abkehr von fossilen Brennstoffen und der massive Ausbau erneuerbarer Energien alternativlos. Ohne die Energiewende werden wir nicht in der Lage sein, einen für die Menschheit lebenswerten Planeten zu erhalten. Eine zentrale Frage dabei ist, wie sich der steigende Bedarf an mineralischen Rohstoffen decken lässt, den der Ausbau erneuerbarer Energien erfordert.

Tiefseebergbau-Unternehmen und einige wenige Staaten haben scheinbar eine Lösung: Große Mengen an Kupfer, Nickel, Kobalt und Mangan befinden sich in der Tiefsee – gebunden in Manganknollen, Massivsulfiden und eisenhaltigen Krusten. Diese Tiefseemineralien, so die Behauptung, seien unverzichtbar, um den massiven Ressourcenbedarf zu decken, der für die Erreichung der Pariser Klimaziele notwendig ist. Diese Schlussfolgerung ist nicht nur falsch, sie ist auch brandgefährlich. Denn sie könnte dazu führen, dass die Ökosysteme der Tiefsee für immer geschädigt werden, zum Nachteil für unseren Planeten und alle zukünftigen Generationen. Dabei existieren sichere Alternativen.

Die Tiefsee ist der größte Lebensraum der Erde und ein vom Menschen nahezu unberührtes Ökosystem. Sie ist die Heimat der ältesten jemals beobachteten Lebewesen – manche bis zu 11.000 Jahre alt – und beherbergt eine unglaublich reiche Artenvielfalt, die sich mit der tropischer Regenwälder vergleichen lässt.

Was auf dem Spiel steht

Wir wissen, dass diese Ökosysteme zentral für die ozeanischen Nahrungsnetze und die globale Klimaregulierung sind. Gleichzeitig ist die Tiefsee noch weitestgehend unerforscht, sowohl was ihren Artenreichtum als auch die Funktionsweise ihrer Ökosysteme betrifft. Erst im Juli dieses Jahres belegte eine Studie, dass Manganknollen Sauerstoff produzieren – was unser Verständnis von Natur grundlegend verändert. Die Einführung einer zerstörerischen Industrie in diesem nahezu unberührten Teil der Erde, der von klarem Wasser, Stille, Dunkelheit, Stabilität und Langlebigkeit geprägt ist, würde unweigerlich schwerwiegende Folgen für die Meeresumwelt haben. (1)

Die Dimensionen von Tiefseebergbau sind gewaltig: Würden nur fünf Prozent der heute vergebenen Explorationslizenzen für den Abbau genutzt, wäre die Gesamtfläche größer als die aller existierenden terrestrischen Bergbaugebiete zusammen. Durch die Entstehung von Sedimentwolken, die Freisetzung von toxischen Schwermetallen und die negative Beeinträchtigung des

Kohlenstoffkreislaufs würden auch Gebiete weit über die Abbaugrenzen hinaus belastet. Wissenschaftler*innen warnen, dass Fischpopulationen negativ beeinträchtigt werden und sich Metalle in Organismen anreichern könnten, mit katastrophalen Folgen für die menschliche Lebensmittelversorgung.

Trotzdem drängen die Befürworter*innen von Tiefseebergbau, allen voran Privatunternehmen, auf seine schnelle Einführung. Ihr Hauptargument: Tiefseemineralien seien unverzichtbar, um den Ressourcenbedarf der Energiewende zu decken. Das ist jedoch ein irreführendes Argument, denn es impliziert das Festhalten an einem Wirtschaftsmodell, das von beispielloser Ressourcenverschwendung geprägt ist, und ignoriert außerdem bestehende Alternativen und jüngste technologische Entwicklungen.

Tiefseebergbau ist für die Energiewende nicht notwendig. (2) Aus diesem Grund wies auch der Wissenschaftliche Beirat der Europäischen Akademien dieses Narrativ zurück. (3) Durch Kreislaufwirtschaftsstrategien, neue Batterietechnologien, verbesserte Recyclingquoten und die Verringerung unseres Ressourcenbedarfs lässt sich die Nachfrage nach Mineralien erheblich reduzieren – nach Schätzungen des unabhängigen, norwegischen SINTEF-Instituts um bis zu 58 Prozent. (4)

Zirkuläre Wirtschaftsstrategien als Alternative

Batterietechnologien machen einen bedeutenden Faktor für den Mineralienbedarf der Zukunft aus: Sie entwickeln sich aber zunehmend weg von mineralienintensiven Chemikalien. Ein eindrückliches Beispiel bieten Lithium-Eisenphosphat-Akkumulatoren (LFP) im E-Auto-Markt, die weder Nickel noch Kobalt verwenden und spätestens seit 2021 fest in die Produktionsketten von Autobauern integriert sind: Lag der weltweite Marktanteil von LFP-Batterien in E-Autos 2021 noch bei 17 Prozent, waren es ein Jahr später bereits bei 31 Prozent. BYD, Chinas größter Elektroautobauer, setzt inzwischen ausschließlich auf LFP-Batterien. Erwartbare Durchbrüche in der Entwicklung von Natrium-Ionen-Akkus oder Feststoffbatterien könnten den Bedarf von Mineralien weiter reduzieren.

Ein weiterer wichtiger Faktor ist unser verschwenderischer Umgang mit Ressourcen. Jährlich fallen weltweit mehr als 62 Millionen Tonnen Elektroschrott an – Tendenz steigend. Das ist genug Elektroschrott, um den gesamten Äquator mit einer Kette aus Müllfahrzeugen zu umspannen. Nicht einmal 20 Prozent dieses Elektroschrotts werden recycelt – obwohl Methoden existieren, die höhere Sammel- und Recyclingquoten zulassen. Allein im Jahr 2022 wurde so viel Kupfer für die Herstellung von Einweg-E-Zigaretten verwendet, dass davon 1,6 Millionen Heimladestationen für E-Autos hätten produziert werden können.

Mit wegweisenden legislativen Entscheidungen, wie dem Aktionsplan für die Kreislaufwirtschaft, die Richtlinie über Elektro- und Elektronik-Altgeräte oder die Batterieverordnung, arbeiten die EU-Staaten mit Nachdruck an einem verantwortlicheren Umgang mit Ressourcen. In internationalen Verträgen wie dem Übereinkommen über die biologische Vielfalt (CBD) oder dem UN-Übereinkommen zum Schutz der Biodiversität auf Hoher See (BBNJ) verpflichten sich Staaten außerdem, das Artensterben aufzuhalten und die natürliche Umwelt besser zu schützen. Tiefseebergbau würde all diesen Bemühungen diametral entgegenstehen. Selbst führende globale Unternehmen schließen die Verwendung von Tiefseemineralien derzeit aus: BMW, VW, Samsung und weitere Weltmarken wie Google, Volvo und Scania fordern ein weltweites Moratorium für Tiefseebergbau und verweisen auf die Unvermeidbarkeit zirkulärer Lösungsansätze. Jüngst hat sich Deutschlands wertvollstes Unternehmen SAP dieser Forderung angeschlossen.

Kritische Masse nutzen

Immer mehr Staaten wollen bei der Einführung von Tiefseebergbau eine Pause einlegen. Inzwischen sind es 32 darunter wirtschaftliche Schwergewichte wie Deutschland, Frankreich und Kanada. Das EU-Parlament sowie die EU-Kommission, Menschenrechtsbeauftragte der Vereinten Nationen, indigene Bevölkerungsgruppen, Wissenschaftler*innen, Finanzinstitute, der Fischereisektor, Umweltverbände und Millionen Unterzeichner*innen von Petitionen fordern einen Stopp für Tiefseebergbau.

Diesen Entwicklungen zum Trotz hat Norwegen im Januar 2024 als erster Industriestaat seine Gewässer für Tiefseebergbau geöffnet (insg. 281.000 km^2). Ein kanadisches Bergbauunternehmen hat angekündigt, 2025 den ersten Antrag auf Förderung von Tiefseemineralien in internationalen Gewässern einzureichen, obwohl die Rahmenbedingungen zur Regulierung von Tiefseebergbau noch nicht erarbeitet sind. Als Legitimation dient vor allem die Energiewende.

Die Idee des Tiefseebergbaus wurde in den 1960er-Jahren geboren und kurz danach im Internationalen Seerechtsübereinkommen verankert. Die Umweltkrisen der Gegenwart waren vor 70 Jahren erst im Entstehen und die enorme Bedeutung von Ökosystemleistungen blieb von den meisten Regierungen weitgehend unbeachtet. Inzwischen haben der verschwenderische Umgang mit Ressourcen und die ungezügelte Ausbeutung immer neuer Lebensräume zur Dreifachkrise aus Klimakrise, Artensterben und Umweltverschmutzung geführt. Das Umweltprogramm der Vereinten Nationen hat in seinem neuesten Bericht zur globalen Rohstoffperspektive vor „katastrophalen" Folgen für das menschliche Wohlergehen und unseren Planeten gewarnt, wenn wir unsere Ressourcenpolitik nicht unmittelbar und grundlegend ändern. (5)

Tiefseebergbau würde alte Handlungsmuster fortsetzen und zur Verschärfung der Krisen beitragen. Wir dürfen nicht zulassen, dass auch die letzten nahezu unberührten Ökosysteme der Erde vernichtet werden, um die finanziellen Begehrlichkeiten einiger weniger zu bedienen. Aus diesem Grund muss die internationale Staatengemeinschaft dringend ein Moratorium für Tiefseebergbau einrichten, um dessen Einführung zu verhindern. Von zentraler Bedeutung dafür ist die Internationale Meeresbodenbehörde (ISA), das Regulierungsorgan für Tiefseebodenschätze in internationalen Gewässern. In diesen Monaten wird die ISA zum Brennglas internationaler Meerespolitik, weil die Einführung von Tiefseebergbau so greifbar ist wie nie zuvor und seine Implikationen gewaltig wären. Eine Grundsatzdebatte über den Schutz und Erhalt der

Meeresumwelt vor den Auswirkungen von Tiefseebergbau kann erstmals ein großes Fragezeichen hinter die Einführung von Tiefseebergbau setzen und den Auftakt für die Einführung einer vorsorglichen Pause bedeuten – wenn sich eine kritische Masse der 169 Mitgliedsstaaten dazu durchringen kann. Im letzten ISA-Meeting sprach sich eine Vielzahl von Staaten für eine solche Grundsatzdebatte aus, sie wurden jedoch durch den Widerstand einiger weniger, darunter China, Nauru und Saudi-Arabien, blockiert. Dennoch: Ein wachsendes Bewusstsein für die schädlichen Umweltauswirkungen von Tiefseebergbau ist unübersehbar. Allein in diesem Meeting haben sich fünf weitere Staaten der Forderung nach einer Pause angeschlossen.

Öffentliche Kritik und weitere Unternehmen, die sich gegen Tiefseebergbau positionieren, können in den kommenden Monaten einen entscheidenden Beitrag leisten, um die Einführung von Tiefseebergbau zu verhindern und unsere Ozeane zu schützen. Dafür müssen sie sich in aller Klarheit gegen die Einführung von Tiefseebergbau aussprechen und den Druck auf Regierungen erhöhen. – Der Mehrwert eines Moratoriums ist nicht zu überschätzen: Wir haben jetzt die einmalige Chance, eine Umweltkatastrophe zu verhindern, noch bevor diese beginnt.

Quellen

(1) https://ejfoundation.org/resources/downloads/towards-the-abyss-ejf-deep-sea-mining-report.pdf

(2) https://ejfoundation.org/resources/downloads/FIF_critical-minerals-and-the-green-transition.pdf

(3) https://easac.eu/publications/ details/ deep-sea-mining-assessing-evidence- on-future-needs-and-environmental-impacts

(4) https://sintef.brage.unit.no/ sintef-xmlui/ bitstream/handle/11250/3032049/ CircularEconomyAndCriticalMineralsReport. pdf ?sequence=7&isAllowed=y

(5) www.resourcepanel.org/sites/default/files/ documents/document/media/gro24_full_report_1mar_final_for_web.pdf

Zu den Autoren

Steve Trent ist Geschäftsführer (CEO) und Gründer der EJF und leitete in über 30 Ländern Kampagnen und Investigationen zum Schutz der natürlichen Umwelt und der Menschenrechte sowie für eine friedliche, gerechte und nachhaltige Zukunft.

Martin Webeler ist Ocean Campaigner und Researcher. Er leitet die Tiefseebergbaukampagne für die EJF. Regelmäßig nimmt er an den Verhandlungen der ISA teil.

Kontakt

Steve Trent
Martin Webeler
Environmental Justice Foundation (EJF)
E-Mails kontakt@ejfoundation.org
martin.webeler@ejfoundation.org

Nachhaltigkeitsforschung und Wissenstransfer

Potenziale besser nutzen

Von Nicola Schuldt-Baumgart

▬▬▬▬Der Wissenstransfer ist an vielen Universitäten, Hochschulen und außeruniversitären Forschungsinstituten inzwischen eine etablierte Leistungsdimension. Das belegen die Transferstellen und -strategien, die es mittlerweile in vielen Forschungseinrichtungen gibt, ebenso wie die Forschungsförderung, etwa im Rahmen des Förderschwerpunkts „Wissenschafts- und Hochschulforschung" vom Bundesministerium Bildung und Forschung (BMBF). (1) Auch die Forderung nach einer stärker missionsorientierten Forschung, wie sie etwa die Bundesregierung in der aktuellen „Zukunftsstrategie Forschung und Innovation" formuliert (2), adressiert diese Entwicklungen und fordert die Wissenschaft explizit auf, ihre Aktivitäten zukünftig noch stärker auf gesellschaftlich relevante Probleme zu fokussieren.

Im Rahmen dieser missionsorientierten Forschung ist es Aufgabe des Wissenstransfers, Forschungsergebnisse in die Praxis zu bringen und so gesellschaftliche Veränderungen zu fördern. Der Blick in die Transferpraxis zeigt aber, dass das Potenzial bei Weitem noch nicht ausgeschöpft ist. Dies gilt insbesondere für die Nachhaltigkeitsforschung und ihr Ziel, sozial-ökologische Transformationen zu unterstützen. Das liegt zum einen an der hochkomplexen Aufgabe: Ökologische und gesellschaftliche Aspekte greifen ineinander, lokale und globale Ebenen sind eng miteinander verwoben, unterschiedliche zeitliche Skalen kommen zum Tragen, Veränderungen auf individueller Ebene sind nötig, aber ebenso Abstimmungsprozesse auf nationaler und internationaler Ebene. All diese Dimensionen nehmen Einfluss auf den Weg des Wissens aus der Forschung in die Praxis und sorgen dafür, dass dieser Weg selten linear verläuft. Vielmehr ist er das Ergebnis eines komplexen Zusammenspiels unterschiedlicher Akteure und Faktoren, bei dem der Faktor Zeit eine wichtige Rolle spielt.

Zum anderen aber liegt es auch am Verständnis von Wissenstransfer sowie der konkreten Ausgestaltung des Transfers. Wie lassen sich vor diesem Hintergrund die Wirkungen der Nachhaltigkeitsforschung in Politik und Gesellschaft durch einen systematischen Wissenstransfer erhöhen? Dazu ist es sinnvoll, zunächst einen Blick auf die Hürden zu werfen, die der Transfer nehmen muss.

Mehr als Ergebnisbündelung

Ein Blick in die Praxis zeigt, dass der Transfer nicht selten auf eine bloße Bündelung von Forschungsergebnissen in Abschlussberichten, Leitfäden oder Handreichungen hinausläuft, die anschließend auf Projektwebsites oder Abschlussveranstaltungen vorgestellt oder zur Verfügung gestellt werden. Die Auffindbarkeit und Zugänglichkeit des Wissens in dieser Form ist nicht optimal. Häufig fehlt ein aktives und wiederholtes Adressieren von klar umrissenen Zielgruppen in einer Sprache, die auf die Bedarfe der Zielgruppen zugeschnitten ist. Auch eine intensive Auseinandersetzung mit den tatsächlichen Wissensbedarfen der Zielgruppen und dementsprechend der Frage nach dem relevanten Wissen sowie den Barrieren, die einem erfolgreichen Transfer im Wege stehen, fehlt häufig. Hinzu kommt, dass das Nachdenken über den Wissenstransfer oft erst in der letzten Phase oder am Ende von Forschungsprozessen oder -projekten geschieht – was viel zu spät ist, um im Rahmen der Projektlaufzeit noch guten Transfer leisten zu können.

Eine weitere Hürde liegt darin, dass Wissen kontextabhängig ist und nicht ohne Weiteres aus dem Forschungs- in einen Anwendungskontext übertragen werden kann. Gelingender Wissenstransfer setzt daher immer Übersetzungsleistungen voraus. Die Forschungsergebnisse müssen in unterschiedliche Fach- oder Alltagssprachen übertragen und an die jeweils unterschiedlichen sozialen und lebensweltlichen Kontexte der Zielgruppen angepasst werden: So sind Klimaschutzbeauftragte in Kommunen anders zu adressieren als Hauseigentümer*innen, die für das Thema energetische Sanierung gewonnen werden sollen, oder Unternehmen, die sich für den Biodiversitätsschutz engagieren wollen.

Schließlich bietet die erfolgreiche Vermittlung von Wissen allein noch keine Gewähr dafür, dass die Adressat*innen auch tatsächlich anders als bisher handeln. An dieser Stelle zeigen sich die Grenzen des Wissenstransfers, denn neues Wissen allein führt nicht automatisch zu einem anderen Handeln, wie das oft bemühte Motto „Vom Wissen zum Handeln" suggeriert. Vielmehr kommt es bei den Akteuren auf ein situatives Zusammenspiel von Wissen, Motivation und Fähigkeiten an. Genau dieses Zusammenspiel wird bei der Konzeption von Transferstrategien und -formaten noch zu selten berücksichtigt.

Voraussetzungen

Um die vielfältigen Transferpotenziale, die in den Ergebnissen der Nachhaltigkeitsforschung liegen, besser zu realisieren, müssen die Transferverantwortlichen sensibel sein für die Gelingensbedingungen kommunikativer Prozesse und die Grenzen dieser Prozesse kennen. Dazu gehört auch die Fähigkeit zum Perspektivwechsel, um sich in die Alltagsrealität der Zielgruppen hineinversetzen und ihre Wissensbedarfe erkennen, verstehen und adressieren zu können. Das setzt wiederum eine möglichst genaue Kenntnis der Zielgruppen, ihres Alltags und ihrer Wissensbedarfe voraus.

Wichtig ist zudem, dass Forschungsergebnisse in für die jeweiligen Zielgruppen relevantes und verstehbares Wissen übersetzt und dass geeignete Transferformate konzipiert werden, die die Zielgruppen tatsächlich erreichen. Wenn zum Beispiel Bürgermeister*innen in kleinen, ländlichen Kommunen angesprochen werden sollen, um ihnen die Einsatzmöglichkeiten von modularen Aufbereitungssystemen für Abwasser vorzustellen, reicht ein Artikel in einer kommunalen Fachzeitschrift allein nicht aus. Erfolg versprechender sind speziell konzipierte Dialogveranstaltungen, die das knappe Zeitbudget und das Vorwissen der Zielgruppe berücksichtigen und darüber hinaus präzise Argumente für die Auseinandersetzung im politischen Prozess anbieten. (3) Außerdem ist es entscheidend, die Barrieren, die den Zugang zu neuem Wissen erschweren oder behindern, zu (er-)kennen. Beim Thema Klimaanpassung etwa sind gerade in kleinen Kommunen personelle und finanzielle Engpässe dafür verantwortlich, dass wissenschaftliche Erkenntnisse nicht den Weg in den Arbeitsalltag der Kommunalverwaltungen finden: Häufig fehlt die Zeit, um an Fachtagungen teilzunehmen oder sich in entsprechenden Netzwerken zu engagieren.

Schließlich hängt der Erfolg von der Expertise der Transferverantwortlichen ab. (4) Diese sind im besten Fall von Beginn an in die Forschungsprozesse eingebunden, verstehen sich als Intermediäre zwischen Forschung und Praxis und entwickeln gemeinsam mit dem Forschungsteam die Transfermaßnahmen. Deshalb sollten die Transferverantwortlichen neben einem tiefgehenden Verständnis von Forschungsprozessen über profunde Fachkenntnisse sowie über umfangreiche Soft Skills (zum Beispiel Moderations- und Mediationskompetenzen) verfügen.

Ein weiterer wichtiger Erfolgsfaktor liegt im Transferverständnis der Forschenden, aber auch der Forschungsförderung: Wenn Wissenstransfer als integraler Bestandteil und damit als Aufgabe von Forschung verstanden und mitgedacht wird, erhöht dies die Erfolgschancen für den Transfer deutlich. In der aktuellen Praxis herrscht hier noch Nachholbedarf.

Wissenstransfer in der Praxis

Nachfolgend soll ein bereits erfolgreich in der Praxis erprobtes Transfermodell vorgestellt werden, das aus sechs Schritten besteht (5): Ausgangspunkt ist das Bild, Wissenstransfer von Beginn an als Teil der Forschung mitzudenken. Entsprechend ist im ersten Schritt zu fragen, welches forschungsbasierte Wissen mit welcher erwünschten Wirkung im Sinne einer sozial-ökologischen Transformation benötigt wird (neue Nutzungsmuster, Wissen über Umweltauswirkungen bestimmter Materialien oder Praktiken usw.). In Schritt 2 sollte geprüft werden, welche Wissensbedarfe verschiedene Akteure haben oder für wen das forschungsbasierte Wissen praktische Relevanz hat. Ein genauer Blick auf diese Zielgruppe(n) ist in Schritt 3 nötig, um präzise bestimmen zu können, welcher Aspekt des forschungsbasierten Wissens für die Zielgruppe von Interesse ist. Hier sind dialogische Formate enorm wichtig und eine aktive Bereitschaft, die Bedürfnisse und die Interpretationen gut zu verstehen. Erst dann lässt sich ein konkretes Transferformat (Schritt 4) konzipieren. Ein Zusammenspiel von dialogischen und medialen Formaten ist besonders erfolgversprechend. Dieses Zusammenspiel zu »konfigurieren«, ist Aufgabe in Schritt 5. Alle Schritte sollten am Ende des Prozesses (Schritt 6) kritisch reflektiert, evaluiert und mit der angestrebten Wirkung (Schritt 1) abgeglichen werden.

Um die Potenziale des Wissenstransfers in der Nachhaltigkeitsforschung zu nutzen, müssen Wissenschaft, Praxis und Forschungsförderung künftig noch enger zusammenarbeiten. Eine Herausforderung liegt beispielsweise in der meist auf drei Jahre begrenzten Laufzeit von Forschungsprojekten. Die Erfahrung zeigt, dass Ergebnisse häufig erst am Ende der Projektlaufzeit vorliegen. Für einen effektiven Wissenstransfer ist die verbleibende Zeit dann meist zu kurz. Damit eng verbunden ist eine weitere Herausforderung: Wie können Forschungsergebnisse – über wissenschaftliche Publikationen hinaus – auch nach Ende der Projektlaufzeit dauerhaft zugänglich gemacht werden? Hier wäre beispielsweise zu prüfen, wie Praxispartner*innen noch stärker die Rolle von Wissensvermittlern (Knowledge Broker) übernehmen und Forschungsergebnisse aus dem fallspezifischen Forschungskontext in die Breite tragen können. Schließlich eröffnet die wachsende Zahl von KI-Anwendungen vielfältige Möglichkeiten, den Wissenstransfer effektiver zu gestalten. Zu denken ist hier beispielsweise an die systematische Einbindung von Forschungsergebnissen in fachspezifische· Informationsportale, wie etwa den „Innovationsatlas Wasser", und die Verknüpfung dieser Portale mit interaktiven und personalisierten Lernformaten. _____

Quellen

(1) www.wihoforschung.de/wihoforschung/de/bmbf-projektfoerderung/foerderlinien/wissenstransfer/wissenstransfer_node.html

(2) www.bmbf.de/SharedDocs/Publikationen/de/bmbf/1/730940_Zukunftsstrategie_Forschung_und_Innovation_Kurzfassung.pdf?__blob=publicationFile&v=4

(3) Schuldt-Baumgart, N. / Haage, K. (2020): Wissenstransfer in der projektgebundenen Forschung. Verbesserte Praxisrelevanz der Forschung durch multimediale sowie interaktiv-dialogische Transferkonzepte. Wissenschaftsmanagement (2), S. 81-86.

(4) Gonser, M. / Zimmer, K. (2024): Kompetenzen für den Transfer zwischen Wissenschaft und Praxis – Vorschlag einer Systematisierung. In: Schuster, J. et al. (Hrsg.) (2024): Chancen und Grenzen der Entwicklung von Wissenschaft und Praxis. Leverkusen, S. 13-26.

(5) https://isoe.blog/avoiding-pitfalls-in-knowledge-transfer/

Zur Autorin

Nicola Schuldt-Baumgart studierte Volkswirtschaftslehre, Germanistik und internationale Wirtschaftsbeziehungen. Sie leitet seit 2012 den Bereich „Wissenskommunikation und Öffentlichkeitsarbeit" am ISOE.

Kontakt

Dr. Nicola Schuldt-Baumgart
ISOE – Institut für sozial-ökologische Forschung
E-Mail schuldt-baumgart@isoe.de

Stromnetzausbau in Deutschland

Überdimensioniert, teuer, umweltbelastend

Von Werner Neumann

▬▬▬▬Seit über zehn Jahren wird in Deutschland eine Ausbauplanung für das Übertragungsnetz (Spannung über 380 Kilovolt, kV) durchgeführt. Zunächst erstellen die Übertragungsnetzbetreiber (Tennet, Amprion, 50Hertz und TransnetBW – ÜNB) einen Szenariorahmen (SZR). Dieser legt fest, welche Kraftwerke, Einspeisungen aus Wind- und Solaranlagen oder Speicher im Zieljahr der Planung erwartet werden. Zugleich erfolgt eine Prognose des jeweiligen Strombedarfs. Darauf aufbauend wird der Netzentwicklungsplan (NEP) durch eine Simulation der Stromflüsse zwischen Erzeugung und Bedarf erstellt. Ergibt sich eine Überlastung bestimmter bestehender Stromleitungen, werden diese verstärkt oder weitere Leitungen eingeplant.

Der aktuelle NEP 2037/2045 (2023) wurde am 1. März 2024 von der Bundesnetzagentur (BNetzA) bestätigt. Die BNetzA erstellt einen Umweltbericht, der die Auswirkungen der Planungen auf Umweltgüter wie Boden, Wasser und den Naturschutz darstellt. Insbesondere werden die jeweils mehrere Hundert Kilometer langen Offshore-Wind-Anbindungen 50-100 Meter breite Schneisen durchs ganze Land schaffen, durch Felder und Wälder. In diesen Schritten erfolgt – etwa beim Szenariorahmen, dem NEP und dem Umweltbericht – eine Öffentlichkeitsbeteiligung. Zusammen mit dem Startnetz, in dem bestehende und schon genehmigte Leitungen enthalten sind, kommen nun über 30.000 Trassenkilometer in Deutschland mit Kosten von mehr als 300 Milliarden Euro zusammen. Danach beschließt der Deutsche Bundestag im Bundesbedarfsplangesetz (BBPlG) die Notwendigkeit der Leitungen, was wiederum eine Baupflicht für die ÜNB ergibt. Bis hierhin sind Rechtsbehelfe gegen die Planungsschritte gesetzlich ausgeschlossen. Nach genauerer Planung der Trassen erfolgen Planfeststellungsverfahren. Auf dieser Ebene sind Klagen von Kommunen, Grundstücksbesitzer*innen und Umweltverbänden möglich, etwa um eine Orchideenwiese zu retten, können aber die Frage der Sinnhaftigkeit der Gesamtpla-

---

Nachhaltigkeit – der Begriff hat in den Medien Konjunktur. Häufig bleibt die Berichterstattung jedoch an der Problemoberfläche. Nachhaltigkeit ist beim größten deutschen Umweltverband, der zwei große Studien über ein zukunftsfähiges Deutschland initiiert hat, und der *politischen ökologie* seit vielen Jahren gut aufgehoben. Deshalb suchen sie die Zusammenarbeit: In jeder Ausgabe gibt es an dieser Stelle einen Hintergrundbeitrag von einem oder einer BUND-Autor*in.

---

nung nicht mehr thematisieren. Insgesamt ist das Verfahren nicht auf Minderung des Netzausbaus ausgelegt. Die ÜNB erhalten zudem eine gesetzlich festgelegte Rendite auf ihre Investition. Die Kosten werden mit den Netzentgelten auf alle Stromverbraucher*innen umgelegt.

Grundsätzliche Fehler des Netzentwicklungsplans

Der NEP weist mehrere grundsätzliche Fehler auf. Es erfolgt keine Verbindung mit der Planung des Aus- und Umbaus der Verteilnetze (110 kV), obwohl die Stromerzeugung künftig aus Wind- und Sonnenstrom dezentral verteilt im Land erfolgt. In den Regionen könnte daher ein Ausgleich fluktuierender Erzeugung mit flexibel gesteuerten Anlagen (Biomasse, Speicher) erfolgen, so dass sich der Übertragungsbedarf auf Bundesebene deutlich mindern ließe. (1) Ein wesentlicher Faktor zur Minderung des Netzausbaus ist die Spitzenkappung. Diese ist gesetzlich in § 12 b (1) des Energiewirtschaftsgesetzes für die Planung des NEP vorgeschrieben. Mit Zustimmung der BNetzA wird diese Vorschrift durch die ÜNB nicht eingehalten. Dabei können mit einer Minderung von unter drei Prozent der jährlichen Strommenge 30-50 Prozent der Spitzenleistungen der Einspeisung gekappt werden – mit entsprechend geringerem Leitungsausbau. (2) Der Strom kann dabei in Speichern zwischengespeichert oder in Wasserstoff übergeführt werden.

Der geplante Netzausbau hat sich in den letzten Jahren um das Zwei- bis Dreifache erhöht, weil die Bundesregierungen das Ziel ausgegeben haben, die Offshore-Windenergie bis zu 70 Gigawatt (GW) auszubauen.

Dieser Strom soll nun mit 35 Hochspannungs-Gleichstrom-Übertragungsleitungen (HGÜ) in die Verbrauchszentren und vor allem nach Süddeutschland transportiert werden. Der Umweltverband BUND hält hingegen einen Ausbau über 15 GW nicht für verträglich, weil dadurch Umweltschäden im Meer entstehen (Vögel, Schweinswale) und die Unterseekabel durch das Wattenmeer dessen sensibles natürliches Gleichgewicht stören. (3) Zudem wird der Anteil von Strom aus Biomasse sehr gering angesetzt, obwohl mit der heutigen Menge von Biogas ein dezentraler flexibler Betrieb mit über 20-GW-Leistung möglich wäre zur Abdeckung des Strombedarfs in Zeiten, wenn Wind und Sonne wenig Strom liefern. Möglichkeiten dezentraler Strommärkte werden ausgeblendet, da die Bundesregierung die – seit vielen Jahren gemäß der Erneuerbare-Energien-Richtlinie der EU geforderte – Einführung von „Erneuerbaren Energien-Gemeinschaften" nicht umsetzt. Ein einfacher regionaler Stromverbund wird verhindert. Stattdessen setzt der deutsche Netzentwicklungsplan auch Vorgaben der Europäischen Kommission und der EU-Netzbetreiber ENTSOE um, die einen grenzenlosen Stromtransport von Kohle- und Atomstrom quer durch Europa anstreben und damit mehr Leitungen durch Deutschland verursachen.

Studien haben gezeigt, dass der Netzausbau deutlich geringer ausfallen muss, wenn dezentrale Konzepte mit regionalen Strompreiszonen verbunden würden (wie es sie z. B. in Norwegen oder Italien gibt). Mehrfach wurde deutlich, dass der Netzausbau deutlich geringer wäre, würde man das Mantra einer einheitlichen Preiszone fallen lassen, denn dann wäre ein Preiswettbewerb für den flexiblen Strommarkt möglich. (4) Das Planspiel „Systemvision 2050" von Amprion lieferte den Beweis, dass mit 16 Preiszonen und Vorgabe eines BUND-Szenarios der Stromnetzausbau drastisch zurückginge. Im Juli 2024 forderten zwölf Energieexpert*innen die Einführung lokaler Preise, damit Flexibilitäten von Verbrauch und Erzeugung im Netz sinnvoll wingesetzt werden können. Es wäre geboten, einen Netzplan mit neuen Bedingungen zu erstellen. (5)

Alles in allem gibt es also zahlreiche gute Gründe, das Verfahren und den NEP infrage zu stellen. Allerdings lehnt die Bundesregierung weiterhin die Berechnung eines alternativen Szenarios ab. Ein solcher »Plan B« müsste auf einem dezentralen Ansatz des Strommarktes beruhen und zudem eine Kosten-Nutzen-Berechnung – ob es etwa günstiger ist, Windenergie im Süden zu bauen mit sechs bis neun Cent pro Kilowattstunde (ct/kWh) Erzeugungskosten oder Offshore-Windenergie mit fünf bis acht ct/kWh plus Transportkosten von zehn bis 15 ct/kWh plus nicht bezifferte Umweltschäden – beinhalten.

Verursacherprinzip brächte nachhaltigere Lösungen

Neuerdings rührt sich Protest in Wirtschaft und Politik. Denn die Netzentgelte stiegen gemäß BNetzA in den letzten zwei Jahren bei Haushalten um 43 Prozent und bei der Industrie um 84 Prozent und werden sich mit dem Ausbau des NEP nochmals verdoppeln beziehungsweise verdreifachen und stärker steigen als die Minderung der Erzeugungskosten. Der bayerische Minister-

präsident Söder fordert nun Freileitungen statt Erdkabel, obwohl sein Vorgänger Seehofer und Sigmar Gabriel im Sommer 2015 es geschafft hatten, die »Monstertrassen« unter die Erde zu verlegen. Dabei wäre Bayern auch ohne zusätzliche Süd-Link-Leitungen zu versorgen, hätte das Land auf zwei Prozent der Fläche Windenergieanlagen realisiert. Freileitungen wurden damals mit guten Gründen abgelehnt: Landschaftsschutz, mögliche Wirkungen der Felder, die Abstände von Baugebieten erfordern, und der tödliche Drahtanflug für Vögel, der weitaus signifikanter ist, als jegliche Tötung durch Windräder.

Die einfachere Überlegung wäre, die Transportkosten („Porto für Stromlieferung"), denjenigen aufzuerlegen, die die Offshore-Windparks bauen und betreiben, oder denjenigen, wie der chemischen oder Autoindustrie im Süden, die dort ihren Strom bestellen. Stattdessen werden die Steigerungen der Netzentgelte allen Stromverbraucher*innen auferlegt. Denn während beim bestehenden vermaschten Stromnetz eine allgemeine Kostenumlage noch Sinn macht, ist dies beim Zusatznetz für Offshore-Leitungen, dessen Stromfluss über riesige Konverter gesteuert wird, nicht mehr der Fall. Würden Kosten und Umweltschäden der Offshore-Stromerzeugung nicht sozialisiert, würde ihr Ausbau wahrscheinlich sofort enden.

Es ist zu erwarten, dass die überdimensionierten Ausbaupläne des Stromnetzes nicht realisierbar sind. Offshore-Strom wird immer teurer, zumal sich künftig die Anlagen gegenseitig den Wind aus den Flügeln nehmen werden. In den Genehmigungsverfahren werden immer mehr Probleme des

Naturschutzes auftreten, vom Nationalpark Wattenmeer bis hin zu Feldhamstern oder geschützten Wäldern. Schon jetzt ist absehbar, dass eine Kostenexplosion droht. Ein Subventionsversuch des Bundeswirtschaftsministeriums für die Netzentgelte aus der Kasse des Klimafonds scheiterte am Urteil des Bundesverfassungsgerichts vom 15.11.2023. Daher ist absehbar, dass die Netzentgelte immens steigen werden. Das Prinzip „So viel Trassen wie nötig und so wenig wie möglich", wie es der BUND schon vor zehn Jahren formulierte, muss endlich gelten. Sicherlich wird auch dann kein Plan ohne neue Leitungen herauskommen. Aber es werden deutlich weniger sein, die mit deutlich geringeren Umwelteingriffen verlegt werden können. Erforderliche Leitungen im Verteilnetz, das eher ein Einsammelnetz wird, können viel einfacher als Erdkabel gebaut werden mit minimalen Eingriffen in den Boden.

Eine ungerechte Kostenbelastung wird verstärkt soziale Proteste nach sich ziehen, die eher nicht zugunsten einer dezentralen Energiewende in Bürgerhand ausfallen werden. Die Energiewende muss von der Politik mit mehr sozialen Elementen und Vorteilen ausgestattet werden. Dabei wird es vor allem um die Themen Energieeinsparung, Effizienz und Suffizienz gehen. Denn

weniger Strombedarf bedeutet weniger Stromleitungen und geringere Steigerungen der Netzentgelte. Eine von der Politik gewünschte Beschleunigung des Netzausbaus wird es nur geben, wenn eine Wende in der Netzplanung erfolgt. Ansonsten kann es lang, teuer und zäh werden, denn nachhaltig ist die aktuelle Netzplanung weder in wirtschaftlicher und ökologischer noch in sozialer Dimension. _____

Quellen

(1) www.vdc.com/de/etg/arbeitsgebiete/v2/flexibilisierung-des-energiesystems

(2) Jarass, L. J. / Neumann, W. (2024): Der Netzentwicklungsplan 2037/2024 steht im Widerspruch zum Energiewirtschaftsgesetz in EWerK 1/2024.

(3) www.bund.net/service/publikationen/detail/publication/klimaschutz-nur-mit-meeresnaturschutz/

(4) Vgl. www.faz.net/aktuell/wirtschaft/klima-nachhaltigkeit/der-deutsche-strommarkt-braucht-lokale-preise-19845012.html (Paywall)

(5) www.prognos.com/de/projekt/dezentralitaet-und-zellulare-optimierung-auswirkungen-auf-den-netzausbaubedarf

www.diw.de/documents/publikationen/73/diw_01.c.816979.de/diwkompakt_2021-167.pdf

Zur Autorin

Werner Neumann ist Physiker und seit 2004 Sprecher des Bundesarbeitskreises Energie des BUND. Er war über 20 Jahre im kommunalen Klimaschutz tätig.

Kontakt

Dr. Werner Neumann
Bund für Umwelt und Naturschutz Deutschland e. V. (BUND)
Email werner.neumann@bund.net

Nachhaltigkeitsberichterstattung von Unternehmen

Wettbewerbsvorteile für grüne Pioniere

Von Hannah Helmke

▬▬▬ Weltweit wünschen sich laut einer Studie der Vereinten Nationen vier von fünf Menschen mehr Klimaschutz. (1) Gleichzeitig sinkt das Vertrauen in Regierungen, Lösungen zu finden, die die Emissionen entlang der strengen Anforderungen des in Paris beschlossenen 1,5- Grad-Celsius (°C)-Ziels in Richtung Klimaneutralität reduzieren. (2) Hoffnungsträgerin ist damit die Wirtschaft, die ihre Geschäftsmodelle über innovative Maßnahmen so dekarbonisieren könnte, dass sie Alternativen zu einem emissionsintensiven Lebensstil eröffnet: grüne Mobilität, effiziente Technologien, nachhaltiges Wohnen sind hier einige Stichworte. Die neue Richtlinie über die Nachhaltigkeitsberichterstattung von Unternehmen (Corporate Sustainability Reporting Directive, CSRD) der EU gibt den Unternehmen eine echte Chance, ein Geschäftsmodell zu finden, das im Einklang mit den planetaren Grenzen funktioniert und damit auf den steigenden Bedarf von Menschen in einer Welt eingeht, die immer stärker vom Klimawandel geprägt ist.

Die Umsetzung der CSRD in deutsches Recht wurde im Juli 2024 vollzogen. Sie regelt die Berichterstattung für eine Reihe von Nachhaltigkeitsaspekten, wovon auch klimabezogene Punkte in den Durchführungsstandards (ESRS E1), betroffen sind: Die geplanten Emissionen eines Unter-

nehmens sollen bis 2030 gegen die Menge an Emissionen gesetzt werden, die ein Unternehmen entlang der Vorgaben des 1,5-Grad-Ziels noch ausstoßen darf. Bei einer Lücke zwischen Plan und Ziel wird das Unternehmen aufgefordert, konkret geplante Emissionsreduktionsmaßnahmen zur Schließung der Lücke anzugeben. Beachtlich ist, dass das Unternehmen auch angeben soll, ob es ausreichend Kapazitäten hat, um diese Maßnahmen umzusetzen, und mit welchen Kosten es dafür rechnet. Damit legt die CSRD den Schwerpunkt auf die Vergleichbarkeit von Unternehmensplänen zur Dekarbonisierung in Richtung 1,5°C.

Dadurch entsteht erstmals ein zentraler Datensatz von circa 50.000 Unternehmen in der EU, der vergleichbar aufzeigt, wie sie ihre Pläne und Strategien auf das 1,5-Grad-Ziel hin ausrichten wollen. Unternehmen, die bereits Emissionen reduziert haben oder glaubwürdige Pläne zur Dekarbonisierung in der nahen Zukunft haben, werden damit für alle sichtbarer, die eine Präferenz für Firmen haben, die den Weg konsequent in Richtung 1,5 °C gehen.

Robuste Metriken sind der Schlüssel

Voraussetzung für die Unternehmen, um von dieser Entwicklung zu profitieren, ist die Erstellung sowie das Reporting der geforderten Metriken. Die größten Herausforderungen für diesen neuen Standard der Berichterstattung liegen in den folgenden drei Punkten:

1. *Geplante Emissionen bis 2030:*
Weil es für das Erreichen des 1,5-Grad-Ziels wichtig ist, wie hoch die Emissionen nicht nur heute, sondern auch in Zukunft sein werden, sollen Unternehmen die Menge an Emissionen angeben, die entlang ihres geplanten Wachstums bis 2030 entstehen. Unternehmen können zwar roft gute Aussagen zu ihrer wirtschaftlichen Entwicklung machen, Aussagen zur Emissionsentwicklung sind jedoch noch sehr schwierig. Diese Herausforderung lässt sich lösen, indem man die wirtschaftliche Entwicklung mit einem passenden Emissionsfaktor versieht, der sich aus anerkannten wissenschaftlichen Quellen – wie etwa den gemeinsam genutzten sozioökonomischen Pfaden (Shared Socioeconomic Pathways, SSP) – ableiten lässt.

2. *Zielmenge an Emissionen*
entlang des 1,5 °C-Pfads:
Auch wenn Klimaneutralität in aller Munde ist – der Emissionsreduktionspfad ist das eigentlich Entscheidende. Denn die Erderwärmung entsteht durch die Menge an Emissionen, die über die Zeit in die Atmosphäre gelangt. Um das 1,5-Grad-Ziel zu erreichen, kommt es darauf an, wie die Emissionen über die Zeit reduziert werden. Der 1,5 °C-Emissionsreduktionspfad, den ein Unternehmen laut CSRD ausweisen muss, soll zudem sektorspezifisch sein. Lösen lässt sich diese Herausforderung, indem die öffentlich verfügbaren Daten der Internationalen Energieagentur (IEA) zur 1,5 °C-konformen Emissionsreduktion des entsprechenden Sektors dem eigenen Pfad zugrunde gelegt werden.

3. *Verbindliche Angaben*
zur Emissionsreduktion:
Die erfolgreiche Dekarbonisierung eines Unternehmens ist ein mehrstufiger Prozess. Den Startpunkt macht die Zielsetzung für die Emissionsreduktion. In der Vergangenheit haben sich die Unternehmen ausschließlich auf diese Komponente fokussiert und den Prozess nach Kommunikation der Klimaziele nicht stringent fortgeführt. Vor diesem Hintergrund fordert die CSRD die Unternehmen auf, Angaben dazu zu machen, welche Maßnahmen sie zur Emissionsreduktion ansetzen und mit welchen Kosten sie für die Umsetzung rechnen. Zu empfehlen ist also der frühe Abgleich von Emissionsreduktionszielen nicht nur mit dem Ambitionsniveau des 1,5-Grad-Ziels, sondern auch mit den finanziellen Plänen und Möglichkeiten des Unternehmens.

Grenzen des bisherigen Goldstandards

Die Initiative für wissenschaftsbasierte Ziele (Science Based Targets Initiative, SBTi) gilt aktuell als Goldstandard dafür, wie ein 1,5-Grad-konformes Emissionsreduktionsziel gesetzt wird. Weltweit haben sich bereits über 6.000 Firmen ein Klimaziel entlang der SBTi-Methodik gesetzt. Insbesondere der Kapitalmarkt honoriert die Validierung des Klimaziels eines Unternehmens als 1,5-Grad-konform durch die SBTi-Methodik, weil sie positive Effekte auf das Nachhaltigkeitsrating hat. Es ist jedoch fraglich, ob die SBTi eine ausreichend starke Methodik zur Verfügung stellt, mit der Unternehmen den strengen Anforderungen der neuen CSRD gerecht werden können. Problematisch sind die folgenden Aspekte:

1. *Generalisierung der Reduktionsrate:*
Die SBTi fordert in den meisten Fällen eine Emissionsreduktionsrate von 4,2 Prozent pro Jahr bis 2030, unabhängig von der Branche. Dies führt zu einer unzureichenden Berücksichtigung der unterschiedlichen Emissionsprofile und technologischen Möglichkeiten der verschiedenen Sektoren und berücksichtigt damit nicht die Soll-Vorgabe der CSRD, sektorspezifische Reduktionsraten anzusetzen.

2. *Vernachlässigung historischer Reduktionen:*
Unternehmen, die bereits signifikante Emissionsreduktionen in der Vergangenheit erzielt haben, werden nach denselben Maßstäben bewertet wie solche, die noch keine Maßnahmen ergriffen haben. Dies führt zu einer Ungleichbehandlung und kann Unternehmen entmutigen, weiterhin proaktive Klimaschutzmaßnahmen zu ergreifen, wenn ihre bisherigen Anstrengungen und Investitionen nicht ausreichend gewürdigt werden.

3. *Berücksichtigung von Wachstum und Expansion:*
Die SBTi-Methodik ermöglicht nicht, die Emissionen, die durch das Wachstum eines Unternehmens bis 2030 entstehen, in den 1,5-Grad-Reduktionspfad einzubeziehen. Unternehmen müssen demnach ihre Emissionen reduzieren, während sie gleichzeitig expandieren. Dies ist problematisch für Unternehmen in aufstrebenden Märkten, insbesondere auch für neue, umweltfreundliche Geschäftsmodelle, die unbedingt wachsen müssen, während ältere Modelle auslaufen.

Eine neue Methodik sorgt für CSRD-Compliance

Speziell vor dem Hintergrund der Schwächen der SBTi etabliert sich zunehmend eine neue Methodik zur Ausweisung des 1,5°C-Emissionsreduktionspfades von Unternehmen – das sogenannte X-Degree-Compatibility-(XDC)-Modell des Climate-Tech-Unternehmens right° aus Frankfurt. Das Modell berechnet den Beitrag eines Unternehmens zur Erderwärmung und drückt das Ergebnis direkt in der Einheit Grad Celsius aus. Das Ergebnis lässt sich ganz einfach in Bezug zum 1,5°C-Ziel setzten: Hat ein Unternehmen zum Beispiel eine XDC von 3°C, dann trägt es zu einer Erderwärmung von 3°C bei. Damit ist sofort ersichtlich, ob und wie klimafreundlich ein Unternehmen wirtschaftet.

Das Ergebnis des XDC-Modells gibt an, um wie viel Grad Celsius sich die Erde bis 2100 erwärmen würde, wenn die Welt dieselbe Klimaperformance hätte, wie das betrachtete Unternehmen. Dazu wird die Emissionsintensität des Unternehmens ins Verhältnis zu seinem eigenen sektorspezifischen 1,5°C-Pfad gesetzt und in eine globale Performance übersetzt. Damit wird eine Menge an Emissionen berechnet, die weltweit in die Atmosphäre gelangen würde, wenn die gesamte Welt denselben Ausstoß hätte wie das untersuchte Unternehmen. Ein Klimamodell wandelt die

Emissionsmenge schließlich in eine greifbare °C-Zahl um.

Das XDC-Modell erlaubt es, das Unternehmen unter verschiedenen Zukunftsszenarien zu betrachten. Im konservativen Szenario reduziert das Unternehmen keine Emissionen, im optimistischen Szenario setzt es seine selbst gesetzten Klimaziele erfolgreich um. Es bietet damit eine Alternative zu den Methoden der SBTi. Außerdem erlaubt es wissenschaftsbasierte Metriken zu erstellen, die eine robuste Aussage zur Ambition des Unternehmens zulässt und damit umfängliche Compliance mit der CSRD ermöglicht.

Die Erfüllung der zahlreichen CSRD-Anforderungen sorgt in den Unternehmen für viel Aufwand. Sie scheint auf den ersten Blick ein Bürokratiemonster zu sein und Kapazitäten von der Umsetzung der Klimaschutzmaßnahmen eher wegzuhalten, als diese zu befeuern. Das sorgt erst einmal für schlechte Stimmung. Aber, die Mühe lohnt sich: Unternehmen, die sich beim Klimaschutz vorangehen, werden dank CSRD auf dem Markt sichtbarer und haben Vorteile: Ein 1,4 °C-Unternehmen wird es wahrscheinlich leichter haben, Kapital, Kund*innen und Mitarbeiter*innen zu gewinnen, als ein 4,2 °C-Unternehmen. ▬▬

Quellen

(1) https://www.undp.org/publications/peoples-climate-vote-2024

(2) https://www.edelman.de/de/research/2024-edelman-trust-barometer

Zur Autorin

Hannah Helmke hat Psychologie und International Businesss studiert. Sie ist Co-Gründerin und Geschäftsführerin der right. based on science GmbH, einem Anbieter für Klima-Metriken und Software. Zuvor war sie für den IT-Dienstleister BridgingIT GmbH und die Deutsche Post DHL Group tätig.

Kontakt

Hannah Helmke

right. based on science GmbH

E-Mail h.helmke@right-basedonscience.de

Haben Sie eine der letzten Ausgaben verpasst? Bestellen Sie einfach nach!

pö 153 Gerechte Weltwirtschaft
Wege aus der Freihandelsfalle.
14,99 € (PDF)

pö 157/158 Morgenland
Denkpfade in eine lebenswerte
Zukunft. 15,99 € (PDF)

pö 176 Akklimatisierung
Lokale Anpassung an den
Klimawandel. 19,95 €

Das Gesamtverzeichnis finden Sie unter **www.politische-oekologie.de**, E-Mail neugier@oekom.de

Impressum

politische ökologie, Band 178 **Klimagerechtigkeit**
Fundament des sozial-ökologischen Wandels
Oktober 2024
ISSN (Print) 0933-5722, ISSN (Online) 2625-543X,
ISBN (Print) 978-3-98726-119-0, ePDF-ISBN 978-3-98726-379-8
Verlag: oekom – Gesellschaft für ökologische Kommunikation mit
beschränkter Haftung, Goethestraße 28, D-80336 München
Fon ++49/(0)89/54 41 84-0, Fax -49
E-Mail oxenfarth@oekom.de
Herausgeber: oekom e. V. – Verein für ökologische Kommunikation,
www.oekom-verein.de
Chefredakteur: Jacob Radloff (verantwortlich)
Stellvertr. Chefredakteurin und CvD: Anke Oxenfarth (ao)
Redaktion: Marion Busch (mb)
Schlusskorrektur: Silvia Stammen
Gestaltung: Lone Birger Nielsen
E-Mail nielsen.blueout@gmail.com
Anzeigenleitung/Marketing: Karline Folkendt,
oekom GmbH (verantwortlich),
Fon ++49/(0)89/54 41 84-217
E-Mail anzeigen@oekom.de
Bestellung, Aboverwaltung und Vertrieb:
Verlegerdienst München GmbH, Aboservice oekom verlag,
Gutenbergstr. 1, D-82205 Gilching
Fon ++49/(0)8105/388-563, Fax -333
E-Mail oekom-abo@verlegerdienst.de
Vertrieb Bahnhofsbuchhandel: DMV Der Medienvertrieb
GmbH & Co. KG, Meßberg 1, 20086 Hamburg

Druck: Kern GmbH, In der Kolling 120, 66450 Bexbach.
Gedruckt auf FSC®-zertifiziertem Recyclingpapier.
Bezugsbedingungen: Jahresabonnement Print:
für Institutionen 135,50 €, für Privatpersonen 77,50 €,
für Studierende ermäßigt (gegen Nachweis) 58,00 €.
Print + Digitalabo Institution: 237,00 €, privat: 120,00 €,
ermäßigt (gegen Nachweis): 90,00 €. Alle Preise zzgl. Versandkosten.
Preise gültig ab 01.01.2024. Das Abonnement verlängert sich automatisch,
wenn es nicht sechs Wochen vor Ablauf schriftlich gekündigt wird.
Einzelheft: 19,95 € zzgl. Versandkosten. E-Book-Preis: 15,99 €.
Konto: Postbank München,
IBAN DE59 7001 0080 0358 7448 03, BIC PBNKDEFF.
Nachdruckgenehmigung wird nach Rücksprache mit dem Verlag in der
Regel gern erteilt. Voraussetzung hierfür ist die exakte Quellenangabe
und die Zusendung von zwei Belegexemplaren. Artikel, die mit dem
Namen des Verfassers/der Verfasserin gekennzeichnet sind, stellen nicht
unbedingt die Meinung der Redaktion dar. Für unverlangt eingesandte
Manuskripte sind wir dankbar, übernehmen jedoch keine Gewähr.
Bildnachweise: Adobe Stock: Titel: photology1971, Jacek Fulawka,
electriceye, bearb. von Lone B. Nielsen, S. 17 Leandro Bonizio Lima, MirBer,
D.Myts, alekseyvanin, S. 21 klesign, S. 43 Lila Patel, S. 67 cherezoff,
S. 127 Oleg, Jacek Fulawka; S. 17 iStock appleuzr, S. 18 DALL-E, S. 74
Manuel Gutjahr, S. 89 Fotostudio Neukölln Kreuzberg, S. 97 Bärbel Högner.

Die Deutsche Nationalbibliothek – CIP-Einheitsaufnahme. Ein Titeleinsatz
für diese Publikation ist bei der Deutschen Nationalbibliothek erhältlich.

Vorschau

Kipppunkte

politische ökologie (Band 179) – Dezember 2024

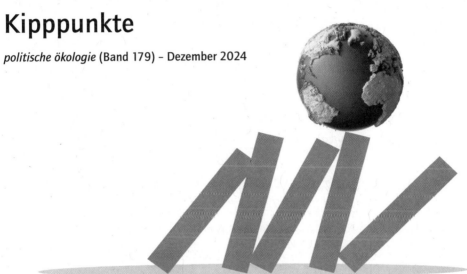

Kipppunkte sind Momente im Klimasystem, an denen Veränderungen unumkehrbar werden. Schmelzende Eisschilde, sterbende Regenwälder und das Versiegen von Meeresströmungen sind nur einige der drohenden Szenarien, die nicht nur regionale, sondern globale Auswirkungen haben. Die Menschheit steht an der Schwelle zu tiefgreifenden Umbrüchen, denn Kipppunkte gefährden auch den gesellschaftlichen Zusammenhalt und das sozio-ökonomische Gefüge.

Welche planetaren Grenzen dürfen wir nicht überschreiten? Die *politische ökologie* beleuchtet die Mechanismen und Risiken von Kipppunkten. Dabei geht es vor allem um die politischen und gesellschaftlichen Implikationen. Der Schwerpunkt stellt nicht nur den aktuellen Stand der Forschung dar, sondern beschäftigt sich mit den Fortschritten in der Klimapolitik und den Möglichkeiten einer sozial-ökologischen Transformation. Ziel ist es dabei, Wege zu finden, dem drohenden Kollaps entgegenzuwirken und gleichzeitig Stabilität und Gerechtigkeit in einer sich wandelnden Welt zu sichern.

Die *politische ökologie* (Band 179) erscheint im Dezember 2024 und kostet 19,95 €
Print-ISBN 978-3-96238-XXX, ePDF-ISBN 978-3-96238-XXX